PROF. DIEGO L. CORTÉS

# Uso eficaz de la AI

*Obtenga resultados óptimos con técnicas de prompt inteligentes.*

Aviso legal

Título: Uso eficaz de la IA

Autor: Diego L. Cortés

Publicado por: 2025

Dirección: Marcel Jud; Münzgrabenstraße 97

Correo electrónico: office@airmode.at

Impreso en Amazon KDP

First edition

This book was professionally typeset on Reedsy.
Find out more at reedsy.com

# Contents

# INTRODUCCIÓN

## Visión general

En los últimos años, la inteligencia artificial (IA), sobre todo en forma de grandes modelos lingüísticos (LLM), se ha integrado rápidamente en nuestra vida privada y profesional. Ya sea para planificar viajes de forma eficiente, crear contenidos creativos o analizar cuestiones complejas, la IA se ha consolidado como una herramienta indispensable. En el centro de estas interacciones entre humanos y máquinas se encuentra un concepto sencillo pero extremadamente eficaz: la **pregunta**. La forma en que formulamos preguntas, damos instrucciones o proporcionamos contexto influye directamente en la eficacia y precisión de las respuestas de los modelos generativos de IA.

Este libro pretende ser una guía personal que le ayude a aprender el "arte" de la incitación eficaz, ya sea con LLM como ChatGPT o con otras aplicaciones de IA generativa, como los modelos texto-imagen. La precisión y la calidad de la respuesta de vienen en gran medida por la claridad, la especificidad y la estructura de la petición inicial en forma de prompt.

Nuestro viaje comienza abordando **los fundamentos de una buena instrucción**: claridad, especificidad y finalidad. La ingeniería de instrucciones define cómo interactuamos con la IA, especialmente con potentes modelos lingüísticos (LLM) como ChatGPT, LLaMA y otros. Estos modelos, que pueden generar texto de forma autónoma, responder a preguntas e incluso realizar tareas complejas, dependen en gran medida de las instrucciones (prompts) que introduzcamos.

Tanto si es usted principiante como si ya tiene experiencia trabajando con sistemas de IA: Este libro está dirigido a usuarios de todos los niveles de experiencia y le muestra cómo formular instrucciones para tareas específicas, controlar el comportamiento de los modelos de forma selectiva y conseguir resultados precisos de forma eficaz.

En los siguientes capítulos te familiarizarás con los principios básicos de la ingeniería de instrucciones. Aprenderás paso a paso a formular instrucciones claras y específicas para que la IA "entienda" tus intenciones con la mayor precisión posible. Cada capítulo contiene ejemplos prácticos que te ayudarán a aplicar y consolidar lo aprendido.

También descubrirá estrategias avanzadas para dominar retos más complejos. Entre ellas se incluyen los juegos de escenarios o de rol que utilizan la capacidad de los modernos modelos de IA para asumir distintos papeles. De este modo, los modelos pueden controlarse específicamente para generar diversas perspectivas y enfoques de las soluciones.

Siempre se presta especial atención a la calidad, coherencia y pertinencia de las respuestas generadas por la IA. Si profundizas en los detalles del diseño de las preguntas, como el uso hábil de información contextual, especificaciones de formato o palabras clave específicas, podrás adaptarlas de forma óptima a tu caso de uso.

Con este enfoque, tendrá en sus manos una herramienta completa para aumentar significativamente la productividad y la creatividad cuando trabaje con IA. Esto no solo hará que sus procesos de trabajo sean más eficientes e impulsará los proyectos con mayor rapidez, sino que también aumentará su potencial de innovación, ya sea en la vida cotidiana de la oficina, en la investigación, en el desarrollo de productos, en la enseñanza o en la realización de ideas artísticas.

# Cómo funcionan los LLM

En un mundo en el que las innovaciones tecnológicas parecen sucederse cada día, la inteligencia artificial ha protagonizado muchos avances apasionantes. Una de sus herramientas más impresionantes son los llamados *Large Language Models (LLM)*, potentes sistemas capaces de manejar sin esfuerzo el lenguaje humano y generar o traducir textos de forma impresionante. Probablemente ya se haya topado con los LLM al utilizar chatbots, consultar programas de traducción o leer artículos resumidos automáticamente. Pero, ¿qué hay realmente detrás de estos modelos y cómo pueden utilizarse eficazmente en la vida cotidiana o en el trabajo?

En primer lugar, conviene saber cómo se crean los LLM. Básicamente, se basan en redes neuronales artificiales que han "leído" innumerables textos de fuentes muy diversas: Artículos de periódicos, libros, foros en línea, estudios y mucho más. A partir de esta enorme cantidad de texto, el sistema aprende a reconocer patrones y calcular probabilidades: Aprende qué palabra sigue normalmente a otra y cómo se combinan las frases para formar párrafos o capítulos con sentido. Si a continuación se dirige al modelo con una *pregunta* formulada específicamente, es decir, una entrada clara, genera lo que considera que es la siguiente frase o sección más adecuada. Este concepto puede parecer sencillo, pero encierra un poder asombroso: Los LLM modernos pueden generar textos muy precisos, completos e incluso creativos, siempre que se les "alimente" correctamente.

Es interesante señalar que los LLM pertenecen al campo de *la IA débil*. Esto significa que están especializados en un área de tareas específica, en este caso: comprender y generar lenguaje. Según las investigaciones actuales, aún estamos muy lejos de una *IA fuerte* que realmente esté a la altura de la inteligencia humana o que incluso pueda desarrollar su propia consciencia. Sin embargo, esto no hace que las LLM sean menos útiles: en el dominio adecuado, consiguen cosas asombrosas y ayudan a automatizar tediosas tareas rutinarias, procesar contextos complejos o generar ideas creativas.

Para que estos modelos desarrollen todo su potencial, hay algo crucial: sus indicaciones. Porque por muy inteligentes que parezcan los LLM, en última instancia se basan en patrones estadísticos. Su precisión depende de los datos subyacentes y de lo que usted introduzca. Si su pregunta es demasiado vaga o ambigua, el resultado también será vago. Si, por el contrario, formula preguntas claras, incluye el contexto deseado y menciona detalles relevantes, obtendrá resultados sorprendentemente precisos y útiles. Este principio se denomina *ingeniería de preguntas* y es la clave para utilizar eficazmente no sólo los LLM, sino también otras aplicaciones de IA.

*La tecnología de conversión de texto en imagen* es un excelente ejemplo de la transferencia de este principio a otro ámbito. Se trata de sistemas de IA que generan una imagen adecuada a partir de una descripción textual, como "Dibújame un escenario de ciudad futurista al atardecer". Aunque en este caso se utiliza un diseño de arquitectura de red diferente, el principio es muy similar: la calidad del resultado depende en gran medida del detalle y la precisión de la entrada lingüística. Cuanto más precisa sea la definición de la escena, el estilo o la combinación de colores deseados, más convincente será la imagen producida por la IA.

Pero, ¿por qué memorizar todo esto? Sencillamente, si entiende cómo funcionan estos sistemas y qué sutilezas son importantes a la hora de formular indicaciones, se le abrirá un amplio abanico de posibilidades tanto en el ámbito privado como en el profesional. Podrá obtener resultados de investigación más rápidos y específicos, transformar temas complejos en lenguaje comprensible o incluso crear contenidos completamente nuevos, ya sean textos o imágenes. Por supuesto, los LLM y otros sistemas de IA no son omnipotentes. Como se ha dicho al principio, se basan en supuestos estadísticos, pueden cometer errores y sólo son tan buenos como los datos con los que han sido entrenados. Sin embargo, con las herramientas de ingeniería adecuadas, sus puntos fuertes pueden aprovecharse de forma selectiva y obtener resultados significativos.

En los capítulos siguientes, le mostraremos exactamente cómo puede utilizar estas herramientas y qué se necesita para optimizar su uso. Paso a paso, aprenderá cómo se pueden estructurar las indicaciones con sentido, qué trucos existen y cómo puede beneficiarse de la amplia gama de aplicaciones posibles. En capítulos posteriores, también un vínculo con la conversión de texto en imagen e ilustraremos que el mismo principio -el arte de la introducción precisa- permite un éxito muy similar no sólo en el mundo del lenguaje, sino también en el de las imágenes. Al planificar y formular conscientemente tus instrucciones, se te abren las puertas del mundo del trabajo creativo, donde los LLM y otros sistemas de IA están ahí para ayudarte.

# Fundamentos de la ingeniería de prompts

El camino hacia una ingeniería de prompts eficaz comienza con la comprensión de sus fundamentos. Este capítulo examina por qué son importantes los prompts y los principios fundamentales que subyacen a una comunicación eficaz con los modelos de lenguaje extensos (LLM). Estos conceptos le permitirán trabajar eficazmente con los LLM y dirigirlos hacia los resultados deseados.

## Por qué son tan importantes las indicaciones

Las instrucciones son la interfaz principal entre los usuarios y los grandes modelos lingüísticos (LLM). Representan instrucciones, preguntas o contextos que se proporcionan al modelo para obtener un tipo específico de respuesta. La calidad de las respuestas generadas depende en gran medida de lo bien formulada que esté la instrucción. Sencillamente, **con mejores instrucciones se obtienen mejores resultados.**

Puede comparar la importancia de las indicaciones con las instrucciones para un especialista. Si las instrucciones son vagas o incompletas, incluso la persona más cualificada tendrá dificultades para entender qué se espera exactamente, y el resultado puede no ser el esperado. Por el contrario, una indicación claramente definida puede mejorar significativamente el rendimiento de un LLM y proporcionar respuestas más precisas, pertinentes o creativas.

Aplicando algunos principios básicos, puede convertir una pregunta general en una consulta precisa y orientada a la acción, garantizando que el modelo proporcione la información o solución deseada, posiblemente en el primer intento.

La eficacia de un aviso se basa en varios conceptos clave: *GIGO*, *claridad*, *especificidad* y *estructura*.

## Conceptos: GIGO, claridad, especificidad y estructura

### GIGO (basura dentro, basura fuera):

Este principio procede de la informática y se aplica de la misma manera a la ingeniería rápida. Si la información introducida en un LLM no es clara, es vaga o carece de contexto, el resultado tampoco será fiable ni preciso. Crear prompts eficaces significa reducir la ambigüedad y garantizar que los datos introducidos sean reflexivos, pertinentes, específicos de la tarea y precisos. **Cuanto mejor sea la información, mejor será el resultado.**

### Claridad:

La claridad es esencial para una comunicación eficaz con los LLM. Una indicación debe ser directa, precisa y fácil de entender. El modelo debe "captar" sus expectativas sin confusiones ni malas interpretaciones. Evite un lenguaje innecesariamente complicado o instrucciones prolijas que puedan diluir el significado pretendido. En su lugar, divida las tareas complejas en partes más sencillas para garantizar que cada una de ellas sea clara y fácil de entender. Al proporcionar instrucciones claras, minimizas el riesgo de errores o de resultados irrelevantes, lo que hace que tu interacción con el modelo sea más eficiente y productiva.

### Especificidad:

La especificidad es otro factor decisivo a la hora de crear peticiones. Cuanto más específica sea la petición, mejor entenderá el modelo lo que usted necesita. En lugar de decir, por ejemplo

```
"Cuéntame algo sobre los animales"
```

podría especificar:

```
"Háblame del hábitat de los elefantes africanos".
```

La especificidad no sólo ayuda a acotar el enfoque, sino que también hace que la respuesta sea más útil y pertinente.

**Estructura:**

La estructura se refiere a la forma en que se organiza un estímulo para guiar deliberadamente la respuesta del modelo. Por ejemplo, una indicación bien estructurada puede incluir separadores, pasos numerados o instrucciones explícitas que faciliten al modelo seguir su intención. Por ejemplo, decir "paso 1, paso 2, paso 3" conduce a una respuesta organizada y lógica, especialmente en el caso de tareas complejas o preguntas con varias partes. Una instrucción estructurada permite al modelo comprender el orden y la jerarquía de la información necesaria, lo que da lugar a respuestas más coherentes y completas. Una estructura bien pensada es crucial, sobre todo cuando se trata de tareas de varios pasos o cuando el modelo debe abordar distintos aspectos de un tema en un orden específico.

Aplicando y comprendiendo estos conceptos fundamentales - GIGO, *claridad*, *especificidad* y *estructura* - puede mejorar significativamente sus interacciones con los LLM. Cuanto más claras sean tus instrucciones, más pertinentes y de mayor calidad serán las respuestas proporcionadas por el modelo.

# El primero, propio prompt

Empecemos con unos cuantos ejercicios básicos. Estos ejercicios le ayudarán a aplicar en la práctica los principios de claridad, especificidad y estructura. Veamos los siguientes ejemplos:

**Ejemplo 1: Aviso poco claro**

Originalmente:

"Háblame del cambio climático".

Mejorado:

"Explicar las principales causas del cambio climático centrándose en las actividades humanas y su impacto en las temperaturas globales".

**Ejemplo 2: Aviso impreciso**

Originalmente:

"¿Cómo influye la tecnología en la sociedad?"

Mejorado:

"Describa tres formas en que la tecnología móvil ha influido en las interacciones sociales en los últimos diez años, tanto positiva como negativamente. Explique su respuesta".

## Ejemplo 3: Falta de estructura

Originalmente:

"Dame consejos para mejorar mi forma física".

Mejorado:

"Crear un plan en tres partes para mejorar la forma física general que incluya ejercicio aeróbico, entrenamiento de fuerza y recomendaciones nutricionales".

La ingeniería de los prompts no es una ciencia exacta, sino un proceso de ensayo, error y perfeccionamiento. Es perfectamente normal tener que adaptar un aviso varias veces para obtener la respuesta deseada. Este método de ensayo y error suele dar lugar a formas nuevas e innovadoras de comunicarse con los alumnos de LLM.

Para ser eficaces, hay que experimentar. No dude en personalizar su redacción, probar distintos niveles de detalle y combinar diferentes técnicas de incitación. Cuanto más experimente, mejor entenderá cómo interpreta el modelo lingüístico las distintas entradas. De este modo, podrá perfeccionar gradualmente sus mensajes para obtener resultados óptimos.

## Resumen

Los fundamentos de la ingeniería de prompts residen en reconocer por qué son importantes los prompts y cómo conceptos clave como GIGO, claridad, especificidad y estructura influyen en la calidad de las respuestas de un LLM. Si tienes en cuenta estos principios, podrás comunicarte mejor con los modelos de IA. Así obtendrá resultados más pertinentes y precisos. Partiendo de estos principios, en el próximo capítulo exploraremos estrategias y técnicas más avanzadas para ayudarte a sacar aún más partido de tu asistente digital.

## Sistema frente a prompts al usuario y sus funciones

Cuando se trabaja con grandes modelos lingüísticos (LLM), es fundamental comprender la diferencia entre las instrucciones del sistema y las instrucciones de usuario de . Estos dos tipos de instrucciones representan dos "voces" diferentes que guían el modelo. Estos dos tipos de indicaciones representan dos "voces" diferentes que guían al modelo: la indicación del sistema actúa como un arquitecto que define el proyecto básico para el comportamiento del modelo, mientras que la indicación del usuario proporciona instrucciones específicas para tareas individuales. Ambos tipos son esenciales para una comunicación eficaz con los LLM y desempeñan un papel clave en la obtención de los mejores resultados posibles.

Una comparación útil para la interacción de estos tipos de instrucciones es la puesta en escena de una obra de teatro: la instrucción del sistema es el director que prepara el escenario, define los rasgos de los personajes y establece el tono de la representación. El usuario, por su parte, es el guión que define las acciones específicas y el diálogo de cada escena. La interacción de estos dos elementos determina cómo "actúa" el modelo y qué respuestas se generan. Cuanto mejor comprenda y controle estas instrucciones, más precisas y específicas serán sus interacciones con el modelo.

# Sistema de indicaciones: cómo estructurar el papel y el tono del modelo

Las instrucciones del sistema constituyen la columna vertebral de toda interacción con grandes modelos lingüísticos. Crean el contexto, dan forma al comportamiento del modelo y determinan cómo se generan las respuestas. Si alguna vez se ha preguntado por qué la respuesta de un modelo suena autoritaria, empática o basada en hechos, a menudo se debe a la indicación del sistema que establece la dirección inicial. Una indicación del sistema bien formulada define el papel del modelo, el tono de la interacción y las directrices que deben seguirse a lo largo del diálogo.

**Un ejemplo de las indicaciones del sistema en uso:**

Imagine que está utilizando un LLM para una aplicación de atención al cliente. En este caso, el mensaje del sistema podría ser el siguiente:

```
"Eres un empleado de atención al cliente amable y competente que
ayuda a los clientes a resolver problemas de forma rápida y
eficaz."
```

Este aviso sienta las bases de las respuestas del modelo y garantiza que sean educadas, informativas y orientadas a la búsqueda de soluciones. Sin esta base, el comportamiento del modelo podría ser incoherente: por ejemplo, podría fluctuar entre un tono demasiado formal y otro demasiado informal, lo que iría en detrimento de la experiencia del usuario.

# Instrucciones para el usuario: entradas sofisticadas para resultados optimizados

Mientras que las indicaciones al sistema definen el marco y la orientación del modelo, las indicaciones al usuario se encargan de diseñar interacciones precisas y matizadas. Son instrucciones detalladas que dirigen el modelo hacia su objetivo. Pueden considerarse "guiones" detallados que contienen tareas, preguntas o instrucciones concretas.

**Comprender el significado de las indicaciones al usuario**

Las instrucciones de usuario son la clave para instruir al modelo sobre la tarea específica. Por ejemplo, si el sistema define el modelo como "chef", una instrucción de usuario podría ser la siguiente:

```
"¿Qué usos creativos se le pueden dar a las sobras de risotto?"
```

Esta indicación al usuario dirige el modelo para que proporcione una respuesta específica desde la perspectiva del "chef". La calidad de la pregunta determina en gran medida la pertinencia y precisión de la respuesta generada.

Las preguntas vagas suelen dar lugar a respuestas igualmente vagas, mientras que las preguntas específicas fomentan resultados detallados e informativos.

En lugar de

```
"Dime algo sobre la salud"
```

Por ejemplo, ¿podría escribir:

```
"Explicar los beneficios para la salud del ejercicio aeróbico
regular en adultos".
```

Esta claridad y especificación da al modelo una dirección clara y aumenta la probabilidad de que la respuesta cumpla sus expectativas.

## El papel de la especificidad y el contexto

Una pregunta eficaz al usuario no sólo incluye la consulta principal, sino también el contexto necesario para que el modelo se comporte como se espera de él. Imagine que está escribiendo un ensayo histórico y necesita información sobre el Renacimiento. Una pregunta general como

```
"Háblame del Renacimiento"
```

ciertamente proporciona resultados, pero pueden ser demasiado amplios. Una pregunta más precisa para el usuario podría ser:

```
"Describir el impacto del Renacimiento en el pensamiento
científico en Europa, centrándose en Galileo y Copérnico".
```

Esta indicación específica proporciona al modelo una orientación clara y acota el enfoque para garantizar que la respuesta cumpla sus requisitos.

Otro ejemplo: Si estás escribiendo una entrada sobre productos ecológicos, una pregunta vaga como

```
"Escribe algo sobre productos respetuosos con el medio ambiente"
```

conducen a resultados genéricos. Una pregunta revisada

```
"Explica cómo los productos de limpieza respetuosos con el medio
ambiente benefician tanto al medio ambiente como a la salud
humana. Incluye ingredientes como el vinagre y el bicarbonato".
```

conduce a una respuesta detallada y específica que es más relevante para la entrada de su blog.

Siempre hay que tener en cuenta los siguientes puntos:

### 1) Utilice un lenguaje directo:

Utilice un lenguaje claro y orientado a la acción para asegurarse de que se entienden sus intenciones. En lugar de utilizar un lenguaje pasivo del tipo "¿Podría tal vez...?", utilice un lenguaje directo del tipo "Haga una lista", "Explique" o "Describa".

```
"Enumera tres formas eficaces de reducir el tiempo de pantalla de
los niños menores de 12 años".
```

### 2) Defina el grupo destinatario:

Si la respuesta va dirigida a un grupo destinatario específico, debe mencionarlo en la pregunta.

```
General: "Explique blockchain".

Para profanos: "Explicar blockchain de forma que alguien sin
conocimientos técnicos previos pueda entenderlo".

Para expertos: "Explicar blockchain en detalle para un público
con formación informática".
```

### 3) Promover la profundidad:

Solicitud explícita de respuestas detalladas mediante petición explícita.

```
"Dar una explicación detallada de las causas naturales y
antropogénicas del cambio climático, incluyendo ejemplos
concretos".
```

### 4) Instrucciones paso a paso:

Para asegurarse de que el modelo cubre completamente temas complejos, puede solicitar un procedimiento paso a paso.

```
"Explica el proceso de la fotosíntesis paso a paso, empezando por
la absorción de la luz solar y terminando con la producción de
glucosa".
```

### 5) Utiliza separadores:

Si necesitas un formato de salida específico, los separadores son extremadamente útiles.

```
### Tarea ###
Elabora un breve resumen de las tecnologías de energías
renovables.

### Detalles ###
Céntrate en la energía solar, eólica y geotérmica y menciona sus
respectivas ventajas.
```

# Escenarios de aplicación

**Atención al cliente**

Suponga que es responsable del servicio de atención al cliente en una empresa de comercio electrónico y desea generar una respuesta de IA a una consulta de un cliente. Una pregunta simple como

```
"Escribir una respuesta a un cliente"
```

probablemente devuelva resultados inadecuados. En su lugar, podría especificar:

```
"Escribe un correo electrónico cortés a un cliente llamado Juan
que quiere devolver un producto dañado. Presta atención al
historial de mensajes proporcionado y discúlpate por las
molestias. Explícale cómo puede hacer la devolución".
```

**Consejo:**

**Redes sociales**

Gestionas la cuenta de Instagram de una marca y necesitas un pie de foto para una promoción de descuento. Un mensaje genérico como

Escribir un pie de foto para una venta es demasiado poco específica y vaga. Sería mejor:

"Formular un pie de foto de Instagram atractivo para una
promoción de fin de semana con un 20 % de descuento en todos los
accesorios para el hogar. Añadir una llamada a la acción que
anime a nuestros seguidores a hacer clic en el enlace de la bio.
Prestar atención a la información proporcionada sobre el producto
y destacar todos sus beneficios".

## La combinación de prompts del sistema y del usuario

Ahora que ya sabemos qué son los prompts del sistema y los prompts al usuario, veamos cómo combinarlos eficazmente. Cuando se usan juntos, forman una herramienta extremadamente poderosa que te permite controlar tanto la "personalidad" del modelo de IA como las sutilezas de sus respuestas. Puedes pensar en ello como un dúo bien ensayado: La indicación del sistema establece la dirección básica, la mentalidad y el tono de la IA, mientras que la indicación del usuario controla las tareas específicas y los detalles importantes. De este modo, es posible salvar la distancia entre una "apariencia" coherente y uniforme y unas respuestas personalizadas y detalladas.

Por ejemplo, imaginemos una IA encargada de desarrollar contenidos de marketing para un nuevo producto. Un aviso del sistema podría establecer el tono y la perspectiva de la IA diciendo algo como:

"Eres un experto en marketing con una personalidad creativa".

Esta pregunta define la base para todas las tareas posteriores y especifica qué enfoque debe adoptar la IA. A continuación, puede definir una pregunta de usuario como

"Escribe un post en las redes sociales para nuestra nueva botella
de agua ecológica. Haz hincapié en la sostenibilidad y añade una

```
llamada a la acción divertida. Incluye los detalles del producto".
```

uso. En este caso, la petición al usuario se basa en el "perfil de personalidad" ya definido de la IA para generar un texto que no sólo se ajuste al tema, sino que también mantenga un tono y un estilo coherentes que se ajusten a sus objetivos de marketing.

La combinación de indicaciones del sistema y del usuario es especialmente valiosa en situaciones en las que la coherencia es importante en múltiples respuestas, por ejemplo en el servicio de atención al cliente, el trabajo educativo o la creación de marcas. De este modo, todas las respuestas conservan el estilo definido inicialmente y, al mismo tiempo, responden individualmente a la pregunta correspondiente. Así se mantiene la coherencia deseada sin perder el enfoque más personalizado y la adaptación a la tarea específica.

Pongamos otro ejemplo: quieres utilizar una IA como tutor de álgebra. La pregunta del sistema podría ser:

```
"Es un profesor de álgebra paciente y amable que explica los
conceptos de forma sencilla y clara."
```

El mensaje para el usuario podría ser:

```
"Explicar paso a paso cómo resolver una ecuación cuadrática
cuando el alumno está empezando álgebra".
```

Combinando estas dos indicaciones, se garantiza que la explicación sea comprensible y tenga el estilo pedagógico de apoyo deseado. De este modo, la IA se convierte en una persona de contacto ideal para los alumnos, que pueden beneficiarse de una orientación clara, paciente y motivadora.

Esta forma de trabajar también resulta útil en contextos profesionales en los que se requiere un tono formal constante, por ejemplo, al redactar documentos jurídicos, cartas formales o informes oficiales . Un ejemplo de sistema podría ser el siguiente:

```
"Eres un asistente legal formal y preciso".
```

Si a continuación crea una consulta de usuario como

```
"Redactar una carta a un cliente solicitando los documentos que
faltan para su caso".
```

toda la respuesta sigue siendo formal y precisa. Así no solo se satisface la petición concreta, sino que se mantiene el tono profesional deseado.

Otro escenario práctico es la creación de contenidos para un blog de salud y bienestar. Podrías empezar utilizando un sistema como:

```
"Eres un experto coach de bienestar que da consejos prácticos
sobre un estilo de vida saludable con un tono de voz amable".
```

Sobre esta base, la pregunta posterior al usuario podría ser la siguiente:

```
"Escribe un artículo atractivo sobre los beneficios del yoga para
aliviar el estrés y da consejos específicos para principiantes".
```

La respuesta resultante combina la experiencia y calidez de un coach de bienestar con contenidos personalizados sobre el tema del yoga. Esto no sólo le proporciona información precisa, sino también una presentación atractiva y legible para las personas que quieren hacer más por su bienestar.

La combinación de prompts al sistema y al usuario puede ser especialmente eficaz en el servicio de atención al cliente. Un aviso del sistema como

```
"Eres un empleado de atención al cliente servicial y empático que
siempre se esfuerza por resolver los problemas de los clientes de
forma amable"
```

establece el tono general. Un mensaje para el usuario podría ser el siguiente:

"Escriba una respuesta a un cliente descontento cuya entrega se ha retrasado. Ofrécele un descuento en su próximo pedido. Los detalles se encuentran en el texto proporcionado de antemano"

Gracias a esta combinación, la IA recibe toda la información necesaria para formular una respuesta empática y orientada a la solución que valore al cliente y le haga una oferta concreta.

En resumen, las indicaciones al sistema y las indicaciones al usuario son el yin y el yang de una comunicación satisfactoria con modelos de IA. Las indicaciones del sistema controlan la actitud básica, la personalidad y el estilo, mientras que las indicaciones al usuario proporcionan instrucciones concretas y procesables para tareas específicas. Con ambos elementos trabajando juntos, no sólo se puede controlar el comportamiento general de la IA, sino también garantizar que cada respuesta individual se adapte con precisión a la tarea en cuestión. Es como conducir un coche: Las indicaciones del sistema son como el volante que marca la dirección, mientras que las del usuario son como el pedal del acelerador que te hace avanzar de forma controlada. Si utilizas ambas herramientas correctamente, podrás dirigir tu IA sin equivocarte hacia el resultado deseado, con una combinación de coherencia e individualidad.

**Consejo:**

*Las plataformas avanzadas de IA suelen tener campos separados para las indicaciones al sistema y al usuario. Por ejemplo, un mensaje del sistema puede indicar a la IA que "actúe como tutor de matemáticas", mientras que los mensajes posteriores del usuario plantean preguntas específicas. Esta funcionalidad se utiliza mucho en herramientas como GPT Playground o en configuraciones especiales de chatbot y permite una individualización aún mayor. Si la plataforma que utilizas personalmente no ofrece campos separados para las preguntas del usuario y del sistema, puedes utilizar esta estrategia dentro de la "ventana de chat" especificando primero el papel del modelo con tu pregunta inicial y luego haciendo tus preguntas reales. también puede predefinir estas instrucciones en la ventana de chat colocándolas antes de la instrucción real (por ejemplo, instrucción de usuario:*

*xxxx y, a continuación, instrucción de sistema: yyyyy).*

## Estrategias importantes

Una vez aprendidas las nociones básicas en el primer capítulo, vamos a profundizar en las distintas estrategias de la ingeniería rápida. Imagina que estás aprendiendo a cocinar un plato delicioso: tienes los ingredientes, pero ahora necesitas la técnica adecuada para convertirlo en una comida realmente estelar. Este capítulo se centra en el perfeccionamiento de estas técnicas, del mismo modo que es necesario aprender a sazonar, cocer a fuego lento y saltear correctamente para perfeccionar una receta. Veremos cómo comunicar de la forma más directa posible, definir el público al que nos dirigimos, añadir ejemplos pertinentes, dividir tareas complejas en pasos digeribles y mucho más. El objetivo es que usted "sirva" un mensaje en el que el Modelo de Lenguaje Amplio esté dispuesto a profundizar. Y no te preocupes si algunos intentos "queman" - la ingeniería de prompts es como cocinar: Sólo tienes que probar y equivocarte hasta que lo consigas (pero sin ensuciar la cocina).

## Franqueza: ir al grano rápidamente

Al interactuar con los LLM, es importante ser directo. Aunque a los humanos nos gusta utilizar frases educadas en las conversaciones, para los LLM, cuanto más clara y precisa sea tu petición, mejor será el resultado. Esto no significa que no debas decir "por favor" o "gracias", se trata más bien de evitar divagaciones innecesarias.

Imagínese que está haciendo un pedido en una cafetería muy concurrida: quiere decirle a su interlocutor lo que quiere de forma rápida y clara para no dar lugar a malentendidos. En lugar de decir:

```
"¿Podría hacerme un resumen del cambio climático, si no es mucha
molestia?".
```

que prefiera formular:

```
"Hazme un resumen del cambio climático".
```

Esto significa que el LLM sabe inmediatamente lo que usted quiere y puede concentrarse en la respuesta. Esto no solo ahorra tiempo, sino que también aumenta la fiabilidad del resultado.

## Defina su grupo destinatario

Una de las estrategias más sencillas y eficaces para mejorar un chiste es determinar a qué público va dirigido. Piense en lo diferente que suena un chiste cuando se lo cuenta a un niño pequeño o cuando se lo cuenta a un adulto en una actuación cómica: el contenido puede ser similar, pero la presentación es muy distinta.

El mismo principio se aplica al trabajar con LLM. Si no se especifica a quién va dirigida la respuesta, el modelo puede hacer sus propias suposiciones, que a menudo conducen a resultados más bien medios. Por tanto, ¿quiere dirigirse a un público de expertos en física cuántica o a estudiantes que entran en contacto con la física por primera vez? Esta diferencia es crucial.

**Aviso general**:

```
"Explicar el entrelazamiento cuántico".
```

**Indicación específica para el grupo destinatario**:

"Explicar el entrelazamiento cuántico de forma que un alumno de secundaria superior pueda entenderlo sin conocimientos previos".

**Aviso de expertos**:

"Dar una explicación detallada del entrelazamiento cuántico al nivel de un seminario de física para estudiantes de máster".

Al definir el grupo destinatario, ayudas al LLM a comprender mejor el contexto y adaptar el tono, la complejidad y el nivel de detalle. Esto aumenta la probabilidad de que el resultado sea preciso y comprensible para su público.

Utilice indicaciones basadas en ejemplos

Los ejemplos son como señales que guían a un LLM en la dirección deseada. Si añades ejemplos adecuados a tu prompt, actúa como un sistema de navegación que ayuda a la IA a entender exactamente qué dirección debe tomar.

**Indicación básica**:

"Escribe una historia sobre una heroína".

**Aviso basado en ejemplos**:

"Escribe una historia sobre una heroína. Por ejemplo, que sea una persona corriente que descubre sus habilidades especiales ayudando a los demás".

Al añadir un ejemplo, dejas claro al modelo qué tipo de heroína tienes en mente. Es como si dijeras:

"No cualquier heroína, sino este tipo de heroína".

## Desglosar las tareas complejas en subsecciones

Las tareas complejas pueden abrumar rápidamente no sólo a las personas, sino también a los modelos lingüísticos. Si la tarea es demasiado exhaustiva, merece la pena dividirla en pasos más pequeños y manejables. Esto facilita que el LLM procese la información con precisión y garantiza una respuesta más clara y completa.

**Aviso general**:

```
"Explicar el proceso de fotosíntesis y su papel en el ecosistema".
```

**Dividir aviso**:

```
"Explica primero los pasos individuales de la fotosíntesis y
explica el papel de la clorofila. A continuación, describa cómo
afecta la fotosíntesis al ecosistema, especialmente en relación
con la producción de oxígeno y su importancia para otros
organismos vivos."
```

Al consultar el tema paso a paso, se obtienen respuestas centradas y más detalladas. Así se pierden menos detalles y el modelo funciona de forma más estructurada.

## Determinar el formato y el alcance

Imagine que pide algo de comer en un restaurante sin especificar si lo quiere para llevar o servido en un plato de lujo. Te sirven el plato que quieres, pero quizá no como lo habías imaginado. Del mismo modo, cuando se trabaja con LLM, conviene tener claro el formato y el alcance de la respuesta.

**Aviso vago**:

```
"Háblame de los beneficios del deporte".
```

**Indicación precisa:**

> "Enumere los cinco beneficios más importantes del deporte de resistencia en viñetas. Incluye aspectos físicos y mentales".

Si especifica el formato deseado y el alcance de la respuesta, LLM puede estructurar el contenido en consecuencia. El resultado es más claro y está más orientado a un objetivo: como una lista de la compra organizada en lugar de una confusa colección de notas.

## Fomentar el pensamiento paso a paso

En el caso de preguntas que requieran un pensamiento lógico o complejo, puede ser muy útil dejar que el modelo proceda paso a paso. Aunque los LLM no pueden "pensar y razonar" de la forma tradicional, la guía paso a paso suele conducir a resultados más claros y reflexivos, especialmente en situaciones de resolución de problemas o toma de decisiones.

**Aviso general:**

> "¿Cómo podemos resolver el problema del cambio climático?"

**Indicación paso a paso:**

> "Explicar paso a paso cómo se puede mitigar el cambio climático. Empezar por la importancia de las fuentes de energía renovables, pasar luego a la reducción de las emisiones de $CO_2$ en el sector del transporte y terminar con cambios de comportamiento concretos a nivel individual."

Esta guía paso a paso lleva al modelo a través de una secuencia lógica de argumentos, lo que contribuye a una respuesta más completa y bien estructurada - similar a construir una estantería de IKEA siguiendo las instrucciones punto por punto.

## Eliminar ambigüedades

La ambigüedad suele dar lugar a respuestas inadecuadas. Si la pregunta puede interpretarse de distintas maneras, hay que aclararla. Es como pedirle a alguien que "coja esa cosa de la otra habitación", sin decir exactamente lo que quiere decir.

**Aviso ambiguo**:

```
"Háblame de Python".
```

**Borrar aviso**:

```
"Háblame de Python, el lenguaje de programación. Profundiza en
las características más importantes y las áreas de aplicación más
comunes".
```

Sin esta aclaración, el modelo podría escribir sobre la serpiente pitón en su lugar. Con pistas claras, se evita acabar con un largo post sobre reptiles en lugar de sobre codificación.

## *Experimentar y perfeccionar*

Trabajar con prompts es como probarse ropa nueva: a menudo hay que probar varias variaciones hasta encontrar el ajuste perfecto. No es raro que el primer estímulo no dé el resultado deseado, y eso es perfectamente normal. El verdadero arte consiste en perfeccionar continuamente las entradas.

**Primer intento**:

```
"Describe las energías renovables".
```

**Refinado**:

```
"Describa las fuentes de energía renovables como la energía
solar, eólica e hidroeléctrica y analice sus ventajas y retos en
comparación con los combustibles fósiles".
```

Cada revisión proporciona información sobre cómo reacciona el modelo ante diferentes formulaciones. Con cada iteración, uno se acerca más a la formulación óptima y, en última instancia, obtiene el mejor resultado posible. Es como tallar una figura de madera: con cada corte, la forma es más clara y precisa.

## Resumen

Para ser eficaz, no basta con formular una pregunta. Requiere un enfoque reflexivo que incluya la franqueza, la definición del público objetivo, el uso de ejemplos, el desglose de temas complejos, la definición del formato y el alcance, el fomento de un enfoque paso a paso y la eliminación de la ambigüedad. Con estas estrategias básicas, sus interacciones con los modelos lingüísticos de gran tamaño de serán mucho más específicas y ofrecerán resultados adaptados a sus necesidades individuales.

En el próximo capítulo, examinaremos métodos avanzados para mejorar aún más la calidad de su interacción con los LLM, incluyendo técnicas como el formateo específico, el aprendizaje de pocos disparos, el encadenamiento contextual y el refuerzo dirigido de los resultados deseados.

# Formato del prompt

Para crear preguntas eficaces no basta con saber qué preguntar, sino que también hay que saber cómo hacerlo. En este capítulo analizaremos en detalle las técnicas de formato que harán que sus preguntas sean más claras, más estructuradas y, por tanto, más eficaces en general. Analizaremos el uso de delimitadores (separadores), la optimización del formato para una mayor claridad y la repetición selectiva de términos clave importantes. Estas ayudas al formato no sólo garantizan que el modelo comprenda mejor su intención, sino también que las respuestas generadas respondan sistemáticamente a sus expectativas. Tanto si está formulando una consulta compleja como si desea aumentar la precisión de sus resultados, saber dar el mejor formato posible a sus indicaciones le ayudará a obtener resultados más fiables. Veamos ahora en cada una de las técnicas, empezando por el uso de delimitadores.

## Uso de delimitadores

Los delimitadores (separadores) son una herramienta poderosa en la ingeniería de prompts. Sirven como marcadores claros para separar las diferentes áreas de un aviso. Esto es particularmente útil si sus prompts contienen múltiples instrucciones, ejemplos o información estructurada. Puede utilizar delimitadores como barras dobles (//), almohadillas (###) o corchetes para aumentar la claridad y guiar el modelo de forma específica.

Imagina, por ejemplo, que quieres que el modelo cree un resumen y luego responda a preguntas sobre un texto determinado. En lugar de ponerlo todo en el mismo texto, puedes crear secciones claras, por ejemplo:

```
### Texto para resumir ###
La inteligencia artificial (IA) ha revolucionado muchos ámbitos,
como la sanidad, la educación y la industria del entretenimiento.
Mediante el uso de algoritmos predictivos, contenidos
personalizados y automatización, la IA ha cambiado
fundamentalmente la forma en que interactuamos con la tecnología
y entre nosotros.
### Tarea ###
Resuma el texto anterior en una frase.
Dé dos ejemplos de aplicaciones de la IA en el sector sanitario.
```

Cada sección está claramente delimitada mediante el uso de "###". Esto indica al modelo qué información debe resumir y qué instrucciones debe procesar posteriormente. Sin unos límites claros, una instrucción puede aparecer rápidamente sobrecargada, de modo que el modelo ya no puede asignar correctamente de qué tratan realmente las partes individuales y puede omitir algunas partes.

Los delimitadores también son útiles si desea proporcionar información adicional que no debe confundirse con la pregunta principal. Un ejemplo sería una pregunta técnica o relacionada con la programación:

```
### Instrucción ###
Escribe una función Python que tome una lista de enteros y
devuelva su suma.
### Ejemplo de entrada ###
[1, 2, 3, 4]
### Resultado esperado ###
10
```

Aquí, las secciones dejan claro qué hay que hacer (función de escritura), qué ejemplo hay (la lista de entrada) y cuál debe ser el resultado concreto (la salida esperada). De este modo, el modelo entiende claramente dónde encontrar cada información y en qué orden hay que procesarla, algo muy parecido a lo que ocurre en un manual cuyos capítulos están claramente separados entre sí.

Otro escenario en el que los delimitadores son especialmente valiosos es cuando se tienen instrucciones extensas o de varios pasos. Por ejemplo, si desea crear instrucciones para crear una base de datos en varios pasos, podría dividirlas de la siguiente manera:

```
### Paso 1: Instalar software de base de datos ###
Explicar cómo instalar PostgreSQL en un ordenador Windows.
### Paso 2: Configurar la base de datos ###
Mostrar cómo configurar el servidor PostgreSQL para un
rendimiento óptimo.
### Paso 3: Crear cuentas de usuario ###
Enumere los comandos necesarios para crear un nuevo usuario de
base de datos con autorización de lectura y escritura.
```

Esto le permite trabajar a través de cada fase individualmente y evitar confusiones sobre cómo el modelo debe manejar los pasos individuales. Sin esta segmentación, el modelo podría confundirse y, por ejemplo, intentar mezclar todos los pasos en una sola ejecución.

Los delimitadores también son útiles para separar la información general de fondo del núcleo de la pregunta. Garantizan una secuencia clara del contenido y facilitan la edición posterior. Así, si desea revisar diferentes áreas, puede utilizar delimitadores para saltar rápidamente a las secciones pertinentes.

También puede utilizar delimitadores para proporcionar ejemplos en paralelo con las instrucciones:

```
### Instrucción ###
Escribe una función que calcule el factorial de un número.
### Ejemplo ###
Entrada: 5
Salida: 120
```

Al separar la instrucción y el ejemplo con delimitadores, el modelo sabe que el ejemplo sirve de referencia y no forma parte de la instrucción real. Esto reduce los posibles malentendidos y aumenta la precisión.

En definitiva, los delimitadores no sólo son útiles para el modelo, sino que también le ofrecen una ventaja. Hacen que las instrucciones sean claras y estructuradas, lo que facilita las mejoras o ajustes posteriores. Especialmente cuando se prueban diferentes variantes de una instrucción, se puede ver inmediatamente dónde hay que cambiar algo sin estropear toda la instrucción.

En la siguiente sección, analizaremos otro elemento clave del diseño de prompts: cómo puede hacer que el formato sea aún más claro y conciso para que el modelo procese sus datos de la mejor manera posible.

Formato para mayor claridad

La claridad es clave a la hora de comunicarse con un LLM. A diferencia de los humanos, que pueden basarse en experiencias compartidas o en pistas sutiles, un LLM depende únicamente de la información y el contexto que le proporciones. Por lo tanto, la forma en que formateas tus indicaciones juega un papel importante para que el modelo entienda tu intención como tú quieres. Echemos un vistazo a algunas técnicas para dar formato a sus indicaciones y conseguir la máxima claridad.

## Por qué es importante el formato

Piense en el formato de sus prompts como si se tratara de una buena puntuación en un texto. Una estructura clara ayuda a que el objetivo, la estructura y las conexiones de la pregunta sean comprensibles para que el modelo pueda reaccionar de la mejor manera posible. Cuanto mejor organice sus preguntas, menor será el riesgo de malinterpretación, lo que podría dar lugar a resultados irrelevantes, incompletos o confusos.

Piensa en el efecto de asignar a alguien varias tareas en un orden desorganizado:

```
"¿Puedes escribir un resumen y explicar el concepto y hacerlo
breve y, oh sí, por favor, también dar algunos ejemplos?".
```

Es obvio con qué facilidad una petición de este tipo puede causar confusión. Los LLM se enfrentan al mismo problema si las peticiones no están claramente estructuradas. En este caso, un formato bien pensado asume el papel de las pausas, los párrafos y el resaltado y dirige al LLM específicamente hacia el resultado deseado.

Secciones estructuradas para una mejor comprensión

Al dividir una solicitud en secciones claramente definidas, facilita al modelo la comprensión del flujo de trabajo. Utilice títulos, listas numeradas o viñetas para organizar las tareas en un orden lógico . Al igual que un informe bien estructurado que se organiza paso a paso, un LLM también se beneficia de una estructura clara.

En lugar de escribir, por ejemplo:

```
"Explica las causas del cambio climático, cita los datos actuales
y termina con posibles medidas de actuación".
se podría formular de la siguiente manera:
Tarea 1: Explique las causas del cambio climático en términos
sencillos.
Tarea 2: Citar datos estadísticos actuales (2020-2024) que
demuestren estas causas.
Tarea 3: Muestre qué opciones tienen los individuos y los
gobiernos para tomar medidas.
```

Esta estructura le permite tanto a usted como al LLM ver claramente qué respuestas desea para cada subárea. Esto le permite mantener una visión general de la estructura de la pregunta y, al mismo tiempo, aumenta la probabilidad de obtener una respuesta estructurada y completa.

# Énfasis y claridad mediante el resaltado visual

Utiliza técnicas de formato como la **negrita**, el <u>subrayado</u> o las MAYÚSCULAS para resaltar determinados aspectos de tu escrito. Si subraya determinadas palabras o frases, indicará al LLM qué elementos son especialmente importantes y deben priorizarse.

**Ejemplo:**

```
- "Nombra las TRES ventajas más importantes de utilizar energías
renovables".

- "Explica la DIFERENCIA entre aprendizaje automático y
aprendizaje profundo en términos sencillos".
```

Estos marcadores visuales funcionan como resaltadores, ayudando al LLM a centrarse en elementos específicos, del mismo modo que los lectores prestan especial atención al texto en negrita o resaltado.

### Saltos de línea para distintos segmentos

Si utiliza saltos de línea para las distintas instrucciones o segmentos de la indicación, aumentará considerablemente la claridad, sobre todo en tareas complejas o de varias etapas. Este método divide claramente las partes individuales de las instrucciones para que no se mezclen entre sí y sigan siendo comprensibles para usted y el modelo.

En lugar de:

```
"Traduce la siguiente frase al español y luego resume la
traducción".
podrías escribir lo siguiente:
Traduzca la siguiente frase al español: "Dar es más bendito que
recibir, no porque sea una privación, sino porque en el acto de
dar está la expresión de mi vitalidad".
```

A continuación, resume el significado de la frase en una línea.

De este modo, el modelo queda claramente informado de que hay dos pasos separados que deben realizarse uno tras otro.

Destacar el contexto con etiquetas

Las etiquetas son otra útil herramienta de formato. Sirven como etiquetas que indican el tipo de contenido o el propósito de un pasaje de texto. Este método es especialmente útil si un LLM debe generar varias salidas diferentes en una sola consulta.

```
### Instrucción ###
Haga un breve repaso histórico de la inteligencia artificial.
### Resumen ###
Resuma los acontecimientos más importantes en 3-4 frases.
### Opinión ###
¿Cuáles son los posibles efectos futuros de la inteligencia
artificial en la sociedad?
```

Esta clara división y etiquetado de las distintas secciones garantiza que cada respuesta parcial se ajuste exactamente a la tarea correspondiente. Al mismo tiempo, se crea una estructura clara de la que se benefician tanto el modelo como usted.

## Simplificar las cosas

Una buena regla para dar formato es mantener la sencillez. Demasiados elementos de formato pueden confundir tanto como ninguno. No sobrecargue su mensaje con excesivas fuentes en negrita, listas con viñetas o etiquetas. En su lugar, utilice estos elementos de forma selectiva y asegúrese siempre de que sean legibles.

### Ejemplo de formateo fallido

```
### TAREA ### Escriba una redacción ### RESUMEN ### Escriba un
resumen ### SUS PROPIAS PENSAMIENTOS SOBRE ESTO"
```

El uso excesivo de etiquetas crea confusión en lugar de claridad. El modelo puede tener dificultades para reconocer qué tareas deben realizarse en qué orden y cómo se relacionan entre sí.

### En lugar de eso, podrías hacerlo más sencillo:

```
### Tarea ###
Escribe un ensayo sobre los beneficios de las energías renovables.
### Resumen ###
Resuma las afirmaciones más importantes del ensayo en 3-4 frases.
### Assessment ###
Opina sobre la importancia de utilizar energías renovables.
```

Esta versión más clara y concisa deja poco margen a interpretaciones erróneas.

## Consejo práctico

Cuando formatees tus indicaciones, piensa en cómo te comunicarías para que se entienda perfectamente cada detalle. Utiliza títulos, saltos de línea, viñetas, etiquetas y resaltados a propósito para que el LLM "vea" las mismas divisiones, énfasis y estructuras que tú tienes claras. Esto aumenta considerablemente la probabilidad de que el modelo proporcione respuestas organizadas, pertinentes y completas.

Un formato adecuado es una base importante para la claridad de las indicaciones: funciona como un marco de fotos que resalta lo mejor del contenido. Si piensa detenidamente en cómo estructurar su aportación, aumentará la probabilidad de obtener un resultado eficaz y de alta calidad.

## Repetición de términos importantes

La repetición es una técnica a menudo infravalorada pero extremadamente eficaz para centrar con precisión un LLM en el objetivo deseado. Del mismo modo que la repetición ayuda a la gente a interiorizar mejor los temas y mensajes clave, también mantiene un LLM "en el buen camino" al mantener los conceptos clave en primer plano. Al repetir específicamente ciertos términos, enfatiza su importancia y se asegura de que permanezcan claros y permanentes en el modelo.

Refuerzo de su mensaje/solicitud

La repetición de términos clave subraya su importancia para el modelo y les indica que deben centrarse en esos conceptos. Esta técnica es especialmente útil cuando la respuesta gira en torno a un tema central o cuando diferentes partes de la pregunta deben referirse al mismo tema. Las palabras clave repetidas actúan como señales que marcan el rumbo e impiden que el modelo se desvíe del tema deseado. Esto es especialmente importante si la pregunta es muy larga o abarca varios subtemas.

Supongamos que su pregunta se refiere a la sostenibilidad. Al repetir el término "sostenibilidad" en las distintas secciones, te aseguras de que la respuesta se base siempre en este concepto. Sin esta repetición, el LLM podría divagar fácilmente, especialmente en preguntas complejas con muchas facetas. La repetición sirve de guía que mantiene el modelo centrado en el tema central y evita que se pierda en áreas irrelevantes. Esta estrategia sencilla pero eficaz desempeña un papel clave para garantizar que el LLM proporcione respuestas coherentes y bien fundamentadas.

"Describa la importancia de la sostenibilidad en la agricultura moderna. Céntrate en en cómo la sostenibilidad ayuda a reducir los residuos, mejorar la calidad del suelo y aumentar la productividad a largo plazo. La sostenibilidad debe ser el tema central de tu explicación".

El uso repetido del término "sostenibilidad" deja claro al LLM que éste es el tema central y que todas las respuestas parciales deben referirse a él. Al hacer hincapié en el término clave varias veces, se reduce el riesgo de que el modelo se centre en aspectos secundarios o en temas completamente diferentes. El resultado es una respuesta más clara y centrada. Esta repetición selectiva de términos importantes sirve de mapa mental para el LLM y reduce la ambigüedad, lo que en última instancia aumenta la calidad del resultado.

## Un hilo conductor

La repetición también ayuda a garantizar que el texto discurra como un hilo conductor por todo el resultado. Si un término o frase aparece en varios lugares, actúa como un vínculo que conecta distintas partes de la respuesta. Esto resulta especialmente útil si desea formular preguntas más largas o abordar varios puntos que deben mantenerse unidos por un tema central. El uso repetido de términos importantes crea una respuesta integrada que es más fácil de seguir y puede arrojar más luz sobre el tema.

Piense, por ejemplo, en cómo se utiliza la repetición en los textos narrativos o persuasivos: Ciertas ideas aparecen una y otra vez a propósito para que permanezcan en la mente del lector y se haga hincapié en su relevancia. El mismo principio se aplica a los LLM. Al utilizar términos clave repetidamente, te aseguras de que estos elementos estén siempre presentes y entrelazados en el resultado del modelo, creando una respuesta consistente y coherente. Una indicación bien construida con un uso juicioso de la repetición puede marcar la diferencia entre una respuesta deshilachada y otra convincente y fácil de entender.

"Explicar el proceso de fotosíntesis, haciendo hincapié en el papel de la luz solar. Muestre cómo la clorofila absorbe la luz solar y cómo ésta impulsa la producción de glucosa. Aclara en tu explicación que la luz solar es la principal fuente de energía".

Al utilizar repetidamente el término "luz solar", la pregunta garantiza que el modelo subraye constantemente su importancia y ofrezca una explicación coherente y centrada. Gracias a esta técnica, la ponderación se mantiene constante y la respuesta gana en calidad y relevancia . La repetición es como un hilo que une ideas diferentes, consolida el tema central y hace que el texto parezca bien estructurado al mantener el foco exactamente donde se necesita.

## Equilibrio entre repetición y claridad

Aunque la repetición puede ser útil, no hay que abusar de ella. Una acumulación excesiva de ciertos términos hace que la pregunta resulte difícil de manejar e incluso confusa, ya que las respuestas suenan redundantes o demasiado simples. Por lo tanto, es fundamental adoptar un enfoque estratégico: Repita los términos clave con la frecuencia suficiente para que su significado quede claro, pero no tanto como para perjudicar la legibilidad. Esta repetición selectiva aporta claridad y énfasis sin abrumar a la pregunta ni al lector.

**Ejemplo de sobrecarga:**

```
" Explicar la importancia de la sostenibilidad. La sostenibilidad
es esencial para el medio ambiente. La sostenibilidad también
ayuda a reducir las emisiones de CO₂. La sostenibilidad mejora la
eficiencia de los recursos".
```

Repetir el término "sostenibilidad" con demasiada frecuencia no aporta valor añadido. Sería mejor:

"Explicar la importancia de la sostenibilidad para el medio
ambiente, en particular cómo la sostenibilidad contribuye a
reducir las emisiones de $CO_2$ y aumenta la eficiencia de los
recursos."

En esta versión reformulada, la "sostenibilidad" sigue siendo central, pero las repeticiones se utilizan con moderación. Así se mantiene la fluidez y la comprensibilidad. Si las repeticiones parecen forzadas, el modelo puede irritarse fácilmente y ofrecer resultados que suenen superficiales o artificiales. Encontrar el equilibrio adecuado requiere práctica, pero merece la pena: Las repeticiones bien dosificadas aumentan considerablemente la eficacia del mensaje.

### Utilice sinónimos para evitar redundancias

Una forma eficaz de mantener la atención sin repetirse constantemente es utilizar sinónimos o términos relacionados. De este modo se refuerza el concepto central y se mantiene un lenguaje variado e interesante. Al añadir sinónimos, se mantiene la atención en los elementos clave sin que el texto resulte monótono o desordenado. Los sinónimos aportan una nueva perspectiva del tema y lo mantienen en primer plano sin cansar al lector.

"Hable de la importancia de la sostenibilidad. Aborde específicamente cómo la concienciación medioambiental y la eficiencia de los recursos -dos aspectos clave de las prácticas sostenibles- contribuyen a combatir el cambio climático."

Al utilizar términos como "conciencia medioambiental" y "eficiencia de los recursos", la atención sigue centrada en el tema de la sostenibilidad, pero el lenguaje sigue siendo variado. De este modo, el LLM se mantiene centrado en el tema general al tiempo que mantiene un estilo vivo y lleno de matices. Este equilibrio entre repetición y variedad permite obtener respuestas informativas, atractivas y específicas.

Resumen

La repetición es una herramienta valiosa en el diseño de las preguntas que, cuando se utiliza intencionadamente, puede aumentar significativamente la claridad y coherencia de las respuestas del LLM. Ayudan al modelo a reconocer los temas clave y a garantizar que éstos se tengan en cuenta de forma coherente a lo largo de todo el proceso. Sin embargo, es importante encontrar un equilibrio saludable: Suficiente repetición para enfatizar los puntos clave, pero no tanta que resulte abarrotada o distraiga. Utiliza la repetición conscientemente para que el resultado sea a la vez claro y detallado y esté claramente orientado hacia tus ideas.

Utilice cuidadosamente la repetición para enfatizar los conceptos importantes. Esto garantizará que el modelo ofrezca una respuesta que se ajuste con precisión a su enfoque temático. Si se combina con otras técnicas de formateo, la repetición puede aumentar considerablemente la eficacia de las instrucciones al producir resultados precisos y completos. Recuerde: la repetición no sólo sirve para enfatizar, sino también para construir un texto coherente y bien conectado que centre a los lectores (o al modelo) en los aspectos realmente relevantes. Utilizada correctamente, es una de las formas más eficaces de garantizar la claridad, coherencia y profundidad en las respuestas del LLM.

Lo mejor es integrar la repetición junto con otras estrategias para estructurar sus indicaciones. De este modo, tendrá la mejor oportunidad de formular una respuesta bien fundamentada y perspicaz que cumpla plenamente sus objetivos.

# Técnicas prácticas para obtener resultados concretos

Como ya sabrá, la calidad de las respuestas que obtenga de un Modelo de Lenguaje Extenso (LLM) depende en gran medida de la calidad de sus instrucciones. Diferentes objetivos requieren diferentes enfoques, y entender cómo diseñar instrucciones para fines específicos puede ayudarle a aprovechar todo el potencial de estos sistemas de IA. En este capítulo analizaremos las técnicas prácticas que le ayudarán a obtener exactamente el tipo de respuesta que necesita. Nos centraremos en tres métodos clave: los prompts paso a paso, los prompts basados en ejemplos y el uso de cebadores de salida. Cada una de estas técnicas tiene como objetivo la claridad, la precisión y la eficacia de los resultados. Tanto si está resolviendo un problema complejo, generando contenido creativo o recuperando información muy detallada, estas estrategias aumentarán la calidad y relevancia de las respuestas que reciba de un LLM.

## Instrucciones paso a paso

La ventaja de las indicaciones paso a paso es que puede guiar al modelo lingüístico a través de una tarea compleja de forma sistemática. Al igual que una explicación detallada a un amigo, la tarea se divide en pasos fáciles de digerir. De este modo, al modelo le resulta más fácil seguir cada una de las partes y obtiene una respuesta coherente y precisa. La segmentación permite al modelo centrarse en cada aspecto de forma individual, lo que conduce a resultados más completos y precisos en general.

## Reducción de la complejidad

La idea básica de las instrucciones paso a paso se explica rápidamente: si la tarea consta de varias partes o fases, el hecho de que el modelo responda a cada una de ellas contribuye significativamente a la exhaustividad. Imagínese que le pide a alguien que le explique cómo se hace una tarta: el resultado probablemente sería sólo un resumen aproximado de . Si, por el contrario, le pregunta por cada paso individualmente, recibirá una respuesta claramente estructurada y detallada.

Compara una vez:

```
"Explícame cómo se hace una tarta de chocolate".
```

con instrucciones paso a paso sobre cómo hacerlo:

```
"Enumera los ingredientes que necesitas para una tarta de
chocolate".
"Describe cómo mezclar los ingredientes secos".
"Explica cómo preparar los ingredientes líquidos".
"Guíame en el proceso de combinar ingredientes secos y líquidos".
"Describa el proceso de horneado en sí, es decir, la temperatura
y el tiempo de horneado necesarios".
```

Este enfoque permite que el modelo lingüístico proporcione respuestas más precisas y completas porque se tiene en cuenta cada etapa del proceso. Cada etapa sirve de punto de referencia y garantiza que el resultado sea estructurado y lógico.

Ejemplos prácticos de indicaciones paso a paso

Las indicaciones paso a paso son especialmente útiles para tareas que requieren una secuencia lógica o una solución estructurada:

· **Matemáticas y resolución de problemas**

En lugar de

```
"Resuelve esta ecuación"
```

podrías guiar al modelo paso a paso:

```
"Primero simplifica el lado izquierdo de la ecuación. Después,
aísla la variable. Por último, da la solución".
```

De este modo, se evitan pasos omitidos o suposiciones y se obtiene una representación comprensible de toda la ruta de la solución.

· **Programación e instrucciones técnicas**

En lugar de

```
"Escribe un programa que ordene un array"
```

Podrías dividir el proceso:

```
" Paso 1: Definir la función. Paso 2: Esbozar la lógica de
ordenación. Paso 3: Implementar el algoritmo de ordenación".
```

De este modo, se asegura de que cada parte del código esté estructurada de forma lógica y de que los principiantes, en particular, puedan entender fácilmente el proceso de pensamiento que hay detrás de cada línea de código.

· **Aprender una nueva asignatura**

Si está tratando el tema de

```
"Explicar la fotosíntesis"
```

puedes organizarlo así:

```
"Explica primero qué es la clorofila. A continuación, describe el
papel de la luz solar. Por último, muestra cómo estos elementos
trabajan juntos para producir energía".
```

Esta división evita que la información importante se quede por el camino y conduce a una comprensión más completa del concepto.

## Por qué funciona el paso a paso

La división de tareas complejas en unidades más pequeñas y manejables permite al modelo lingüístico centrarse en un aspecto de cada vez, en lugar de verse abrumado por una enorme cantidad de tareas. Este enfoque también reduce la ambigüedad, que suele ser la causa de respuestas confusas o incompletas. Al igual que ocurre con los humanos, las subtareas "a trocitos" ayudan al modelo a trabajar diligentemente en cada fase del reto. El resultado es más coherente, preciso y útil.

Además, las instrucciones paso a paso facilitan la detección de posibles malentendidos. Si una determinada respuesta parcial es incorrecta o poco clara, puede mejorar esta sección sin tener que revisar toda la pregunta. Este enfoque iterativo contribuye significativamente a obtener resultados precisos y útiles.

Una ventaja particular de las indicaciones paso a paso es su flexibilidad: tanto si se trata de resolver un problema matemático complejo como de redactar un informe detallado o comprender un proceso de varias fases, guiar al modelo paso a paso da lugar a respuestas más claras y fáciles de aplicar. Este enfoque también es adecuado para proyectos colaborativos en los que varias personas trabajan en distintos segmentos. La estructura paso a paso garantiza que se mantenga la secuencia lógica y que todos los implicados mantengan una visión general del objetivo común.

Hay que reconocerlo: Dividir las tareas en subsecciones no sólo mejora la eficacia, ¡también puede ser sencillamente más divertido! En lugar de recibir una respuesta sobria y completa, se crea un verdadero diálogo con la IA, que puede hacer su trabajo más interactivo y entretenido. Imagine que el modelo le explica paso a paso "cómo manejar un dragón":

```
"Comprueba si es amistoso".
"Si no, consíguete un equipo ignífugo".
```

Estas respuestas pueden ser informativas y divertidas al mismo tiempo.

Este enfoque lúdico puede aligerar incluso tareas áridas o complicadas. Tanto si se trata de resolver un problema serio como de dar rienda suelta a la imaginación, dividirlo en subpasos confiere al intercambio con el modelo un toque agradablemente ligero. Esto invita a la IA a añadir un componente creativo o humorístico a sus respuestas sin perder de vista el objetivo real. Así que si quieres añadir un poco de picante a tu trabajo, no olvides que las instrucciones paso a paso no sólo son prácticas, sino que también pueden ser la introducción ideal a una emocionante "aventura narrativa".

Mensajes basados en ejemplos

Las instrucciones basadas en ejemplos son una forma muy eficaz de guiar las respuestas de un modelo lingüístico. Al proporcionar ejemplos claros en , se aprovecha la capacidad del modelo para reconocer patrones y sacar conclusiones a partir de la información proporcionada. De este modo, podrá controlar las respuestas con mayor precisión y generar contenidos de mayor calidad.

## Por qué son importantes los ejemplos

Poner ejemplos al modelo no sólo mejora la calidad, sino también la pertinencia de las respuestas. En cierto modo, un ejemplo sirve de plantilla para que el modelo sepa qué tipo de respuesta espera usted. El modelo se orienta hacia la estructura o el estilo dados y, por tanto, puede captar mejor su intención. En cierto modo, los ejemplos actúan como ruedas de entrenamiento que garantizan que el modelo no se desvíe del camino marcado.

Imagina que quieres que te escriban un poema sobre el mar. En lugar de limitarse a decir:

```
"Escribe un poema sobre el océano".
```

podría añadir un breve ejemplo:

```
"Escribe un poema sobre el océano. Aquí tienes un verso
inspirador: 'Las olas bailan bajo la luz dorada del sol'".
```

Utiliza este ejemplo para transmitir al modelo el tono, el ritmo y las imágenes, facilitándole la escritura de un poema en el estilo deseado.

Los ejemplos no sólo son útiles en la producción creativa de textos, sino también a la hora de resolver problemas o responder a preguntas con un formato específico. Utilizar ejemplos adecuados reduce la ambigüedad, lo que simplifica la tarea para el modelo y aumenta la precisión de las respuestas.

# Casos prácticos de indicaciones basadas en ejemplos

· **Escritura creativa**

Supongamos que quieres que el modelo escriba una historia sobre un valiente caballero. En lugar de decir simplemente:

```
"Escribe una historia sobre un valiente caballero"
```

podrías añadir:

```
"El valiente caballero Sir Lancelot avanzó hacia el oscuro bosque
mientras su brillante armadura centelleaba a la luz de la luna".
```

De este modo, no sólo se consigue que el modelo se centre en una figura, sino también la atmósfera y el estilo descriptivo deseados.

· **Instrucciones técnicas**

Si necesitas documentación técnica, un prompt basado en ejemplos puede ser de gran ayuda. Por ejemplo, si quieres explicar cómo funciona una determinada herramienta de software, puedes escribir:

```
"... Si utilizas la herramienta X, abre primero el panel de
control y selecciona 'Nuevo proyecto' en el menú".
```

De este modo, deja claro al modelo el formato y el nivel de detalle de la respuesta deseada.

- **Escenarios de atención al cliente**En el servicio de atención al cliente o al crear preguntas frecuentes, los ejemplos pueden garantizar que el tono de voz y el enfoque sean los adecuados. Si desea que el modelo responda a preguntas típicas de los clientes, podría, por ejemplo, ofrecer lo siguiente:

```
"Si un cliente solicita restablecer su contraseña, responda: Para
restablecer su contraseña, haga clic en el enlace "¿Ha olvidado
su contraseña?" de la página de inicio de sesión y siga las
instrucciones del correo electrónico que reciba."
```

Esto garantiza que el modelo mantenga un tono amistoso y servicial.

## Cómo diseñar instrucciones eficaces basadas en ejemplos

Para aprovechar al máximo el potencial de los ejemplos, debe utilizar ejemplos que se correspondan lo más posible con el resultado final deseado. Sea específico en y utilice ejemplos que reflejen la tonalidad, la estructura y el nivel de detalle de su objetivo. Cuanto más apropiados sean tus ejemplos, mejor podrá el modelo seguir tus ideas.

También es buena idea dar varios ejemplos si la pregunta es compleja o ofrece diferentes interpretaciones. Por ejemplo, si desea que el modelo elabore una lista de beneficios de la actividad física, podría añadir ejemplos como:

```
"Uno de los beneficios del ejercicio regular es una mejor salud
cardiovascular. Otro beneficio es la mejora del bienestar mental,
 ya que el ejercicio libera endorfinas que reducen el estrés."
```

Varios ejemplos dejan claro al modelo que usted espera una forma de lista y que cada elemento de la lista debe estar suficientemente explicado.

Los ejemplos actúan como sólidas "directrices" para los modelos de IA, reduciendo la distancia entre sus expectativas y la comprensión del modelo. Tanto si necesitas precisión como creatividad o un estilo de respuesta concreto, los ejemplos bien elaborados pueden aumentar considerablemente la calidad de los resultados.

## El justo equilibrio entre especificidad y flexibilidad

Uno de los mayores retos de las instrucciones basadas en ejemplos es encontrar el equilibrio adecuado entre especificidad y flexibilidad. Si el ejemplo es demasiado rígido o detallado, el modelo puede producir algo que parezca más una copia que una creación original inspirada en el ejemplo. Por otro lado, si el ejemplo es demasiado vago, no proporcionará suficiente orientación al modelo.

Por ejemplo, si pides al modelo que escriba una cita motivadora y le pones como ejemplo:

```
"Cree en ti mismo y podrás conseguir cualquier cosa"
```

el modelo podría generar contenidos motivadores similares, pero corre el riesgo de sonar manido. Podrías formularlos para hacerlos más frescos:

```
"Escribe una cita motivadora que te anime a superar retos, con un
espíritu similar a 'Cree en ti mismo y podrás conseguirlo todo',
pero con una perspectiva única".
```

Esto crea un marco claro, pero deja margen para que el modelo sea creativo.

Otro enfoque puede consistir en combinar varios ejemplos diferentes que muestren un abanico de posibilidades. Por ejemplo, si desea una historia con un giro inesperado, puede utilizar como ejemplos varias historias cortas con diferentes tipos de sorpresas o giros argumentales. Esto animará al modelo a aportar nuevas ideas sin perder de vista el concepto deseado.

Lograr el equilibrio adecuado entre especificidad y flexibilidad garantiza que el modelo tenga suficiente orientación para mantenerse en el buen camino, pero suficiente libertad para aportar sus propias interpretaciones creativas. Es este equilibrio el que suele dar lugar a los resultados más satisfactorios y eficaces, y el que hace que las instrucciones basadas en ejemplos sean una herramienta especialmente valiosa en su repertorio.

## Utilización de cebadores de salida

Las cartillas de salida son otra herramienta eficaz cuando se trabaja con grandes modelos lingüísticos. Se trata de un fragmento de texto introductorio que especifica el tono, el contexto o la dirección del resultado deseado (similar a las indicaciones del sistema). Con este "empujón", se muestra al modelo en una fase temprana qué dirección debe tomar sin tener que especificar explícitamente cada detalle en el aviso. Los cebadores de salida son como un trampolín: Le das al modelo un impulso dirigido para que "piense" en la dirección deseada desde la primera frase.

Con una imprimación de salida, es un poco como iniciar una conversación en la que usted proporciona las primeras frases y el modelo continúa sin problemas. Esto le permite mantener la coherencia en la voz, el tema y la estructura para textos más largos o tareas creativas. Una cartilla bien diseñada garantiza que la respuesta cumpla sus expectativas desde el principio, por lo que no tendrá que revisar tanto o empezar de cero. Esta dirección clara evita que se desvíe del tema y facilita que el modelo se centre y ofrezca un resultado de alta calidad.

```
¿Por qué utilizar cebadores de salida?
```

Las cartillas de salida son especialmente valiosas cuando se requieren resultados precisos y coherentes, sobre todo cuando el tono de voz o la cantidad de información son cruciales. Por ejemplo, si quiere que el modelo escriba un artículo, puede especificar las primeras frases en la cartilla. Así podrá definir directamente la voz, el ritmo y el tema. Lo mismo se aplica a las áreas creativas: Una cartilla podría introducir una escena o un personaje concretos, proporcionando el marco básico sobre el que construir el modelo. Este punto de partida ancla la narración y garantiza que no se desarrolle involuntariamente en otra dirección.

Imagine, por ejemplo, que se hubiera limitado a escribir:

```
"Escribe un artículo sobre la importancia del sueño para la salud
mental".
```

Sin más orientación, es posible que el modelo elija un estilo o un enfoque de contenido que no responda necesariamente a sus necesidades. Sin embargo, añadir una cartilla de salida, como:

```
"El sueño es uno de los principales pilares del bienestar mental.
Es esencial para el rendimiento cognitivo, el equilibrio
```

```
emocional y la salud general. En nuestra acelerada sociedad, un
descanso adecuado suele parecer un lujo, pero es esencial."
```

Este marco da al modelo una perspectiva y una tonalidad concretas que puede utilizar como guía. Por lo general, el resultado será mucho mejor y más coherente con sus ideas.

En contextos creativos, las cartillas también ayudan a estimular la imaginación manteniendo el hilo conductor. Por ejemplo, si quieres completar una historia, puedes escribir:

```
"En un lejano reino más allá de las montañas vivía una vez un
joven príncipe que nunca había visto las estrellas - hasta
aquella noche en que ..."
```

Estas primeras líneas crean inmediatamente una atmósfera determinada, dan pistas sobre el escenario y los personajes y animan al modelo a continuar la historia exactamente con el mismo estilo. Esto hace que el resultado sea coherente y consistente con su idea inicial. La base de la potencia de las cartillas de salida es el funcionamiento real de los grandes modelos lingüísticos, que consiste en completar el texto a partir de una entrada (prompt inicial). Esto también se conoce como modelización o transformación de texto a texto (por eso los LLM también se llaman modelos transformadores). Su tarea real es, por tanto, predecir las palabras (en forma de tokens, es decir, representaciones numéricas del texto) que tienen más probabilidades de seguir para una parte de texto transmitida.

## *Ejemplos prácticos de cebadores de salida*

### Informes formales

Supongamos que necesita un informe formal sobre el cambio climático. En lugar de

```
"Redactar un informe sobre el cambio climático"
```

puedes añadir una imprimación como:

```
"El cambio climático es uno de los mayores retos del siglo XXI y
afecta a ecosistemas, economías y comunidades de todo el mundo.
Este informe de examina las principales causas, repercusiones y
posibles medidas de mitigación".
```

De este modo, no sólo proporciona el marco para el contenido, sino que también transmite la estructura y el tono deseados. El modelo recibe instrucciones para redactar un informe bien organizado y completo.

### Historias creativas

En las narraciones creativas, las cartillas ayudan al modelo a comprender su idea. Por ejemplo:

```
"El jardín siempre ha sido el refugio de Elena. Un lugar donde
podía escapar del ruido de la ciudad. Pero hoy algo era
diferente: un suave susurro flotaba entre las hojas y la atraía
hacia lo desconocido".
```

Este tipo de introducciones proporcionan un contexto, un marco y una cierta tensión para que el modelo pueda continuar sin problemas. El resultado es una historia que mantiene el estado de ánimo y la dirección y continúa de forma coherente a partir de la introducción.

### Correos electrónicos y correspondencia

Las cartillas de salida también son ideales para los correos electrónicos. En lugar de escribir simplemente

```
"Redacte un correo electrónico en el que pida disculpas por el
retraso en la respuesta"
```

podrías añadir una imprimación como:

```
"Estimado [nombre], espero que se encuentre bien. Quisiera
disculparme sinceramente por el retraso en mi respuesta".
```

Esta cartilla ofrece una presentación profesional que el modelo puede seguir adecuadamente. El tono es educado y formal en todo momento.

**Componer cartillas de salida eficaces**

La clave para crear cartillas eficaces es establecer un tono, un estilo y un nivel de detalle claros. Una buena cartilla debe:

1. **Prepara la escena**: Introduce el tema o el personaje para crear un contexto. En un informe objetivo, puede tratarse de información de fondo; en la escritura creativa, debe establecerse el escenario. De este modo, el modelo sabe desde el principio en qué debe centrarse y qué es relevante.
2. **Refleje el tono deseado**: Si se requiere una respuesta formal, la cartilla debe utilizar un lenguaje formal. Si se trata más bien de ligereza y humor, la cartilla debe adoptar este tono lúdico. La cartilla actúa como un moodsetter, ayudando al modelo a dar con el estilo adecuado de inmediato.
3. **Especifique la estructura**: Especifique cómo debe estructurarse la respuesta. Por ejemplo, si desea escribir un texto argumentativo, la cartilla puede nombrar el argumento principal y proporcionar información sobre la estructura posterior. Esta orientación estructural ayuda al modelo a crear contenidos lógicos y bien organizados, lo que reduce considerablemente la edición posterior.

Cuanto más afinado sea un cebador, más eficazmente podrá dirigir la salida del modelo. No obstante, es importante dejar suficiente margen para la creatividad: no hay que poner límites demasiado estrictos al modelo. La cartilla debe ser un estímulo, no una guía completa. El objetivo es crear un marco para que el modelo pueda moldear algo natural y dinámico a partir de él.

### Equilibrio entre orientación y flexibilidad

El equilibrio adecuado también es importante cuando se trabaja con cartillas de salida: Suficientes directrices para proporcionar una dirección clara y, sin embargo, suficiente libertad para mantener los textos frescos y vivos. Si la cartilla se formula de forma demasiado estricta, el resultado rápidamente parece de madera o limitado. Si, por el contrario, es demasiado general, el modelo puede desviarse fácilmente del objetivo deseado en un principio. Un enfoque equilibrado garantiza que el modelo tenga una ruta clara pero siga siendo espontáneo e interesante.

En lugar de empezar una historia así:

```
"Érase una vez una princesa llamada Clara en un castillo. Era
infeliz porque..."
```

- con la que ya defines el conflicto - podrías decirlo un poco más abiertamente:

```
"Érase una vez una princesa llamada Clara que vivía en un
castillo donde no todo era lo que parecía".
```

Esto crea curiosidad y dirección sin ser demasiado específico sobre lo que debe seguir. Gracias a este poco de misterio, el modelo puede ser más creativo y seguir ciñéndose a tus especificaciones.

En resumen, las cartillas de salida son una forma estupenda de dar forma y perfeccionar las respuestas del modelo. Tanto si quieres inspirar la creatividad, como si quieres conseguir precisión en los hechos o crear una correspondencia formal, la cartilla establece la línea de salida y garantiza que el modelo tome la dirección correcta desde el principio. Si sabes utilizar con destreza las cartillas de salida, podrás dotar a tus contenidos generados por IA de mayor coherencia, relevancia y creatividad. De este modo se acorta la distancia entre tus expectativas y las capacidades del modelo, lo que hace que tus interacciones sean más predecibles y satisfactorias.

# Controlar el comportamiento del modelo

Lidiar con los comportamientos de los grandes modelos lingüísticos puede compararse a ser el padre de un niño extremadamente inquisitivo pero imprevisible. Estos modelos pueden ayudar en innumerables áreas, pero también pueden mostrar sesgos, malinterpretar las señales humanas o desviarse en la dirección equivocada si no se les guía adecuadamente. Este capítulo trata de cómo podemos influir específicamente en el modelo para que se comporte de forma adecuada, proporcione un apoyo significativo y, en última instancia, realice una valiosa contribución. Tanto si desea controlar posibles sesgos, proporcionar respuestas que suenen humanas o guiar al modelo hacia un papel específico o una personalidad - las siguientes estrategias le ayudarán a controlar el comportamiento de un LLM.

## Control del sesgo

Los sesgos (distorsiones o desventajas del modelo debidas a la naturaleza de los datos de entrenamiento) no pueden evitarse por completo, ni con los humanos ni con los modelos de aprendizaje automático. Los modelos lingüísticos reflejan los datos con los que se han entrenado, y estos conjuntos de datos contienen inevitablemente sesgos, ideas erróneas y estereotipos humanos. Algunos de ellos son inofensivos, pero otros pueden dar lugar a resultados sesgados, potencialmente engañosos o incluso injustos. Por eso, controlar los sesgos es un aspecto clave de la gestión del comportamiento de los modelos.

El primer paso para minimizar el sesgo es ser consciente de que los modelos lingüísticos reflejan sus datos de entrenamiento. Si se formulan las preguntas con cuidado, se puede guiar al modelo hacia respuestas más equilibradas y justas. Un método práctico consiste en comunicar claramente al modelo que la respuesta debe ser neutra o tener en cuenta múltiples perspectivas.

```
"Describa las ventajas e inconvenientes del trabajo a distancia.
Asegúrate de incluir distintos puntos de vista: tanto de los
empleados como como de los empresarios con distintos perfiles."
```

Con esta petición, envía una señal clara de que no se desea una visión unilateral. Al señalar explícitamente diferentes puntos de vista al modelo, se reduce el riesgo de respuestas sesgadas.

Otra técnica eficaz para controlar los prejuicios es el "refuerzo por redirección". Si te das cuenta de que el modelo está dando una respuesta sesgada o inadecuada, dale un feedback constructivo y dirígelo por otro camino. Por ejemplo, si el modelo se basa en estereotipos, puede pedirle que "reformule la respuesta sin basarse en estereotipos". Unas instrucciones correctivas tan claras pueden conducir a resultados más responsables y equilibrados.

Indicaciones auxiliares como

```
"Explicar este concepto sin utilizar estereotipos de género" o
"Dar una visión objetiva de este tema".
```

ayudar a generar respuestas más neutras. Es importante reconocer los sesgos sutiles en las respuestas y abordarlos con preguntas de seguimiento si es necesario. Sólo así se conseguirán resultados de alta calidad y éticamente aceptables.

Sin embargo, el control de los prejuicios no es un proceso puntual. Requiere una atención constante y cierta persistencia. Si observa un sesgo persistente, corrija el modelo y vuelva a intentarlo. Con cada ejecución, las respuestas pueden ser más justas y ajustarse más a tus ideas, reduciendo aún más los efectos de los sesgos presentes en el material de entrenamiento.

## Ejemplo de solicitud de control de sesgos

"Resuma los beneficios de la educación infantil, pero tenga cuidado de no utilizar estereotipos de género sobre quién se beneficia más".

Controlar el sesgo requiere paciencia y una acción proactiva, pero garantiza que la información que reciba no sólo sea exacta, sino también justa y equilibrada. Cuando se utiliza con eficacia, el control de los sesgos contribuye a obtener resultados más fiables, justos para un público diverso y respetuosos con todas las perspectivas.

# Promover respuestas similares a las humanas

Uno de los aspectos más fascinantes de los modelos lingüísticos es su capacidad para generar textos que se asemejan a la comunicación humana. Sin embargo, si se deja que el modelo funcione tal cual, puede producir contenidos que parezcan demasiado "mecánicos" o que no capten del todo los sutiles matices de la interacción humana. El objetivo de las "respuestas similares a las humanas" es diseñar los mensajes de forma que el modelo ofrezca respuestas comprensibles, empáticas y similares a las de una conversación.

Para obtener respuestas más naturales, añada instrucciones explícitas a la pregunta. En lugar de limitarse a preguntar:

```
"Explica qué es la meditación"
```

podrías escribir:

```
"Explica qué es la meditación, en un tono amistoso y relajado,
como si estuvieras hablando con un amigo que oye hablar de ella
por primera vez".
```

Frases como "en tono amistoso" o "en lenguaje sencillo y cotidiano" dan al modelo pistas adicionales para que la respuesta suene más accesible.

Otra estrategia consiste en asignar al modelo un papel en el que resuenen automáticamente la calidez y la empatía. Por ejemplo:

"Eres un amigo empático que explica a alguien cómo gestionar el estrés cuando se siente abrumado".

Este tipo de estímulos incitan al modelo a añadir más compasión y palabras tranquilizadoras, como en una conversación real entre personas.

El uso de analogías y elementos narrativos también puede ayudar a que las respuestas suenen más humanas. Los modelos lingüísticos pueden crear analogías impresionantes si se les estimula adecuadamente. En lugar de:

"Describe cómo funciona la fotosíntesis"

se podría decir:

"Explica la fotosíntesis como si estuvieras contando la historia de una hoja que recoge la luz del sol y la utiliza para fabricar alimentos"

El resultado es una presentación más atractiva, casi narrativa, que recuerda más a una conversación entre personas.

También puede ser útil dejar que el modelo se base en experiencias cotidianas. En lugar de:

"Explicar los beneficios del ejercicio regular"

que podrías formular:

"Explica los beneficios del ejercicio regular comparándolo con el mantenimiento de un coche: igual que un coche necesita un mantenimiento regular, nuestro cuerpo necesita ejercicio constante para mantenerse en forma"

De este modo, ofrece una metáfora familiar que hace el tema más tangible y accesible.

**Ejemplo de respuesta de aspecto humano**

```
"Describe los beneficios del ejercicio regular de forma
alentadora, como si estuvieras motivando a un amigo que está
pensando en retomar el deporte".
```

El objetivo es reducir la brecha entre la IA y la comunicación humana haciendo que las respuestas sean más cercanas, cálidas y atractivas. Lograr esta autenticidad conversacional a menudo requiere pequeños ajustes en la pregunta, pero el resultado merece la pena cuando recibes respuestas que parecen realmente útiles y personalizadas

**Los LLM pueden cometer errores. Compruebe la información importante.**

## Asignación de funciones

Asignar un papel específico es una poderosa herramienta que permite indicar al modelo exactamente cómo debe comportarse durante la interacción. Esta técnica es especialmente útil cuando se requieren conocimientos especializados o un determinado tono de voz. Al asignar un papel al modelo, le da una personalidad, por así decirlo, y se asegura de que sus respuestas se ajusten aún más a sus expectativas.

Las funciones pueden ser tan variadas como las tareas que quieras realizar. Por ejemplo, si quieres un buen asesoramiento financiero, puedes decírselo a la modelo:

```
"Usted es un asesor financiero con experiencia. Crea un plan
integral para alguien que quiere empezar a invertir con un
presupuesto reducido".
```

Este marco proporciona al modelo un contexto en el que puede aplicar sus conocimientos de forma selectiva.

La asignación de papeles también es ideal para proyectos creativos. Si estás trabajando en una obra literaria, puedes asignar al modelo el papel de "tutor de escritura creativa" o incluso de "personaje de tu historia" para que te ayude a desarrollar diálogos o giros argumentales. Ejemplo:

```
"Eres un detective en un thriller negro. Describe la escena
mientras entras en una habitación poco iluminada y llena de
pistas".
```

Estas indicaciones colocan al modelo en un papel específico y generan respuestas más ricas en detalles y mejor adaptadas al escenario deseado.

Los roles también pueden ser muy útiles en el sector educativo. Si está familiarizándose con un tema técnico, por ejemplo, puede asignar al modelo el papel de "profesor para principiantes" para que le proporcione explicaciones fáciles de entender. Por ejemplo:

```
"Eres profesor de física en un instituto de secundaria. Explica
la tercera ley de Newton de forma que un adolescente pueda
entenderla fácilmente".
```

El reparto de papeles deja claro a qué nivel debe empezar el modelo sus explicaciones y en qué tono debe hablar.

Otra forma de utilizar los roles es utilizar el modelo como compañero de cooperación en las sesiones de lluvia de ideas. Por ejemplo, puedes decir:

```
"Eres un especialista en marketing creativo. Ayúdame a encontrar
ideas para una campaña de promoción de un nuevo producto
ecológico".
```

Aquí se da al modelo una mentalidad específica, que puede conducir a propuestas más centradas e imaginativas.

**Ejemplo de solicitud de asignación de funciones**

```
"Usted es un orientador profesional. Dame consejos sobre cómo
puedo pasar de un trabajo en el comercio minorista al marketing
digital y haz hincapié en los primeros pasos prácticos."
```

Al asignar estos papeles, se establecen límites y expectativas claros. El modelo se sitúa específicamente en el papel más útil para sus preocupaciones. Cuanto más precisa sea la descripción del papel que debe desempeñar el modelo, mejor podrá responder a sus necesidades y más sustanciosas y apropiadas serán las respuestas.

# Técnicas avanzadas para tareas complejas

Cuando los métodos básicos de instrucciones no son suficientes, es hora de utilizar el arsenal avanzado. Estas técnicas avanzadas son especialmente útiles cuando el modelo tiene que manejar instrucciones más complejas, interpretar matices sutiles o generar respuestas que requieren un análisis en profundidad. Utilizando estos métodos, puede llevar sus interacciones al siguiente nivel y aprovechar aún más el potencial del modelo, con resultados más ricos, precisos y detallados. Echemos un vistazo a algunas de las estrategias más eficaces para profundizar en sus interacciones con la IA y proporcionar más conocimiento y sustancia.

## Estimulación de la cadena de pensamiento (CoT)

Las instrucciones de cadena de pensamiento (CoT) son un enfoque avanzado (similar a las instrucciones paso a paso) en el que se pide al modelo que "piense" paso a paso antes de llegar a la respuesta final. En lugar de pedir al modelo que proporcione una respuesta única e inmediata, las preguntas complejas se dividen en subtareas manejables que permiten una progresión más lógica y un análisis más profundo. Esta técnica es similar a nuestro enfoque humano de los problemas difíciles: Los dividimos en pasos más pequeños y comprensibles, más fáciles de resolver.

Imagina que quieres resolver un problema matemático complicado o un rompecabezas. En lugar de buscar inmediatamente la solución, probable-mente escribirías los pasos intermedios, cada uno de los cuales lleva al siguiente. Esto es exactamente en lo que se basa la incitación a la cadena de pensamiento, sólo que en el contexto de las interacciones LLM. Al incitar al modelo a tomar pensamientos intermedios, puede guiarlo hacia conclusiones más coherentes y mejor razonadas, aumentando tanto la precisión como el nivel de detalle y reduciendo el riesgo de errores.

Las ventajas de guiar la cadena de pensamiento son considerables. Al guiar al modelo paso a paso, se minimizan los saltos espontáneos e incomprensibles en el razonamiento. Esto es especialmente valioso cuando se trata de tareas complejas y de varios niveles, en las que cada paso se basa en el anterior y debe ser cuidadosamente pensado. CoT- Prompting también puede ayudar a hacer comprensible la forma de pensar del modelo: Los usuarios obtienen una visión clara del proceso de solución.

## *Ejemplo de incitación a la cadena de pensamiento*

Tomemos una situación en la que el modelo debe resolver un rompecabezas lógico:

```
"Un granjero tiene tres animales: una vaca, una cabra y una 
gallina. Tiene que cruzar un río, pero sólo puede llevar un 
animal cada vez. La cabra se comerá a la gallina si no los ve, y 
la vaca podría escaparse. ¿Cómo consigue el granjero que los tres 
animales crucen el río ilesos? Piensa paso a paso antes de dar la 
respuesta".
```

Utilizando el enfoque de la cadena de pensamiento, el modelo acabaría desarrollando un enfoque paso a paso, por ejemplo:

1. El granjero lleva primero a la cabra al otro lado del río.
2. Vuelve y se lleva el pollo, lo deja al otro lado y se lleva la cabra.
3. Luego trae la vaca.
4. Finalmente, vuelve a coger la cabra.

Este proceso estructurado permite que el modelo muestre claramente el camino de la solución y garantiza que ningún detalle se quede por el camino. CoT prompting es especialmente útil en las siguientes áreas:

- **Matemáticas:** Tareas de varios pasos en las que cada cálculo o decisión influye en el paso siguiente. Dividir la tarea evita que se omitan cálculos importantes.

- **Lógica y toma de decisiones:** escenarios complejos en los que hay que analizar distintos factores por separado para tomar una decisión equilibrada. CoT ayuda a identificar claramente cada factor e incorporarlo a las consideraciones.

- **Explicaciones científicas:** Disección paso a paso de experimentos o explicación continua de conceptos. El CdT garantiza que cada fase se describa con detalle, evitando malentendidos y simplificaciones excesivas.

Un consejo clave para que la cadena de pensamiento tenga éxito es utilizar explícitamente frases como "Piensa paso a paso" o "Resolvamos la solución por etapas". De este modo, se orienta el modelo hacia una forma de trabajar más lógica y sistemática, se evita sacar conclusiones precipitadas y, al mismo tiempo, se pone de relieve un aspecto educativo y de aprendizaje para el usuario.

## Cadena de pensamiento automática (Auto-CoT)

La Cadena de Pensamiento automática (Auto-CoT) representa la siguiente etapa evolutiva de la técnica CoT estándar y se utiliza implícitamente (es decir, sin indicación explícita) en el LLM moderno. Mientras que el método

CoT original a menudo requiere que el usuario diseñe cuidadosamente los pasos intermedios, Auto-CoT permite que el modelo genere estos pasos intermedios de forma independiente (por ejemplo, utilizando chatGPT o1). Esto lo convierte en una herramienta aún más eficaz para procesar solicitudes complejas sin que el usuario tenga que especificar explícitamente cada paso. Sin embargo, es importante señalar que no todos los modelos admiten Auto-CoT.

En esencia, Auto-CoT automatiza el proceso de animar al modelo a participar en un proceso de pensamiento detallado. En cierto sentido, pide implícitamente al modelo que "siga paso a paso" sin que el usuario tenga que formular manualmente cada etapa del proceso de reflexión. Esto es ideal cuando se requieren análisis detallados pero no se dispone del tiempo o los conocimientos necesarios para esbozar cada etapa del proceso de pensamiento uno mismo. Auto-CoT permite una interacción fluida sin dejar de producir resultados detallados paso a paso. El modelo genera de forma independiente consideraciones intermedias, lo que no sólo ahorra tiempo, sino que también conduce a respuestas más dinámicas y adaptables.

Este enfoque es especialmente beneficioso para los problemas que pueden tener múltiples vías de solución, ya que se anima al modelo a explorar diferentes pasos posibles antes de elegir la mejor ruta. La flexibilidad de Auto-CoT lo hace adecuado para una gran variedad de tareas, desde explicaciones técnicas hasta la resolución creativa de problemas.

## Ventajas y ámbitos de aplicación de Auto-CoT

Auto-CoT funciona especialmente bien en combinación con instrucciones claras, por ejemplo, especificando que el modelo debe seguir un enfoque sistemático, paso a paso. Esto permite al modelo identificar de forma autónoma los pasos más lógicos y ofrecer respuestas adecuadas al contexto. Esto resulta especialmente útil en los casos en los que la ruta de solución puede variar en función de las entradas. Auto-CoT permite al modelo ser más exploratorio y ampliar tanto la profundidad como la amplitud de su análisis.

**Ejemplo de Auto-CoT en la práctica**

Supongamos que necesita una respuesta a una pregunta diferenciada del tipo

```
"Explica cómo el conjunto de las fuentes de energía renovables
puede contribuir a reducir las emisiones globales de ₂CO. Repasa
paso a paso cada fuente de energía".
```

El modelo podría entonces generar de forma autónoma la siguiente respuesta:

1. **Energía solar:** Habla de la reducción de las emisiones de $CO_2$ gracias a una menor dependencia de los combustibles fósiles y a la escalabilidad de los paneles solares en zonas residenciales e industriales. También podría abordar los avances en tecnología solar que la han hecho más eficiente y rentable.

2. **Energía eólica:** Explica cómo las turbinas eólicas pueden sustituir a las centrales eléctricas de carbón y gas y destaca su impacto en las redes eléctricas locales y nacionales. El modelo también podría poner de relieve posibles retos como la variabilidad de los patrones de viento y soluciones como los sistemas de almacenamiento de energía.

3. **Energía hidroeléctrica:** Analiza el papel de las centrales hidroeléctricas como fuente de energía estable y renovable que puede sustituir a las centrales de alto consumo de carbono. También podrían debatirse las consideraciones medioambientales relacionadas con las grandes presas y los diseños modernos para mitigar estos impactos.

4. **Energía geotérmica: Explica** cómo el uso de la energía geotérmica puede proporcionar una fuente constante de energía con emisiones mínimas, especialmente en regiones con yacimientos geotérmicos activos . El modelo también podría explicar la escalabilidad y las limitaciones regionales de la energía geotérmica.

## Potencial y retos de Auto-CoT

Auto-CoT muestra sus puntos fuertes sobre todo en contextos que requieren una exploración detallada, por ejemplo en educación, explicaciones científicas o análisis jurídicos. Con las instrucciones adecuadas, el modelo crea un desglose estructurado que facilita a los lectores seguir el hilo de su razonamiento. Anima al modelo a "pensar en voz alta", proporcionando información sobre su proceso de razonamiento, una ventaja especialmente informativa y perspicaz para los usuarios que quieren saber algo más que la respuesta final.

**Desafíos:**

- **Evite la sobreestructuración:** Si la consigna es demasiado restrictiva, el modelo no aprovecha plenamente su capacidad para desarrollar soluciones de forma autónoma, lo que puede limitar la eficacia de la técnica.
- **Es necesario un contexto claro:** Demasiada libertad sin suficiente contexto puede hacer que las respuestas parezcan desestructuradas e incoherentes.

Lograr el equilibrio adecuado entre estructura y autonomía es crucial para aprovechar todo el potencial de Auto-CoT y obtener resultados precisos y concretos.

*Auto-CoT no es una herramienta ni una extensión que se instala, sino una técnica que aprovecha las capacidades de razonamiento inherentes a los grandes modelos lingüísticos (LLM). Permite al modelo generar automáticamente pasos intermedios, lo que mejora la calidad de sus resultados en tareas que requieren un razonamiento lógico o de varios pasos. La técnica se basa totalmente en la forma de formular las instrucciones para generar cadenas de razonamiento sin instrucciones explícitas paso a paso ni ejemplos. Un ejemplo de modelo que utiliza Auto-CoT de forma inherente sería "o1/o3", un modelo avanzado de OpenAI, o Deepseek R1.*

## Autoconsistencia

La autoconsistencia es una técnica relativamente nueva pero muy eficaz para mejorar la fiabilidad de los resultados de los modelos lingüísticos. Consiste en que el modelo genere **múltiples líneas de pensamiento** sobre un problema y las compare para identificar la respuesta más coherente y probablemente precisa. En lugar de basarse en una única línea de pensamiento, el modelo **explora diferentes soluciones** y selecciona la más plausible basándose en la coherencia lógica.

Imagina que intentas resolver un problema complejo probando distintas soluciones. Tras compararlas, selecciona la solución que aparece con más frecuencia o que se apoya en el mejor razonamiento. La autoconsistencia aplica este principio a los modelos lingüísticos para filtrar las respuestas incorrectas o no concluyentes y ofrecer la respuesta que mejor se ajusta al sentido común y la lógica. Esto no sólo aumenta la precisión, sino también la fiabilidad, especialmente en tareas con ambigüedad potencial.

### ¿Cómo funciona la autoconsistencia?

Al generar varios trenes de pensamiento, el modelo puede comparar distintas soluciones y realizar eficazmente una especie de **autocontrol**.

Este método es especialmente útil para

- **Preguntas ambiguas** en las que no hay una respuesta clara.
- **Problemas complejos** que pueden tener varias soluciones posibles.
- **Minimización de las distorsiones (sesgos)**, ya que no sólo se analiza un único tren de pensamiento.

El modelo evalúa las distintas opciones y selecciona la que **se presenta con más frecuencia** o **está mejor justificada**. Esta técnica da lugar a respuestas más equilibradas, detalladas y comprensibles.

**Ejemplo de autoconsistencia**

Tomemos una tarea que requiera pensamiento causal:

"Una empresa lleva tres trimestres registrando un descenso de las ventas. Describa tres posibles causas de este descenso y sugiera la más probable."

El modelo podría generar varias líneas de pensamiento, por ejemplo

- **Línea de pensamiento 1:** Disminuir la calidad del producto conduce a la satisfacción del cliente. Esta vía podría analizar las opiniones específicas de los clientes y poner de relieve las quejas frecuentes.
- **Línea de pensamiento 2:** El aumento de la competencia reduce la cuota de mercado de la empresa. El modelo podría analizar los nuevos competidores, sus estrategias de precios y los cambios en el mercado.
- **Línea de pensamiento 3:** Las campañas de marketing ineficaces no llegan al grupo objetivo. En este caso, el modelo podría abordar parámetros como el descenso de las tasas de participación y la falta de segmentación.

Tras analizar estas líneas de pensamiento, el modelo podría identificar la **causa más probable**, por ejemplo "Aumento de la competencia", ya que aparece en varias cadenas y es la que mejor se apoya en el contexto.

## Aplicación y ventajas de la autoconsistencia

1. **Mayor precisión:** los trenes de pensamiento múltiples permiten reconocer y compensar errores o conclusiones incorrectas de un único camino.
2. **Transparencia:** los usuarios pueden entender los distintos procesos de reflexión y comprender mejor cómo el modelo ha llegado a la respuesta final.
3. **Respuestas más completas:** al considerar distintos enfoques, la respuesta final se vuelve más detallada y matizada.

## ¿Cómo aplico la autoconsistencia?

Para utilizar la autoconsistencia de forma eficaz, debes guiar al modelo con indicaciones como ésta:

"Genera múltiples soluciones y selecciona la que se apoye en el razonamiento más coherente".

Esta orientación garantiza que el modelo no se limite a aceptar la primera respuesta, sino que se autocompruebe para aumentar la fiabilidad y la coherencia. El proceso de autocomprobación añade un nivel adicional de precisión que hace que el resultado final sea más fiable.

## Ventajas de las técnicas avanzadas

Técnicas como **el estímulo de cadena de pensamiento**, la **cadena de pensamiento automática** y la **autoconsistencia** se cuentan entre los métodos más potentes para controlar el comportamiento de los modelos lingüísticos en tareas complejas. Tanto si necesita análisis detallados paso a paso, rutas de solución automatizadas o una mayor coherencia mediante la autocomprobación de , estos métodos le ayudarán a sacar el máximo partido de sus modelos.

Los métodos avanzados de incitación no sólo sirven para hacer mejores preguntas, sino también para comprender la mentalidad del modelo y guiarlo hacia resultados más profundos y fiables. Con estas herramientas, puedes controlar los modelos lingüísticos para que gestionen con precisión y minuciosidad incluso las tareas más complejas.

Resumen:

Las técnicas avanzadas de guiado, como la **Cadena de Pensamiento (CoT)**, **la Cadena de Pensamiento Automática (Auto-CoT)** y la **Autoconsistencia**, permiten resolver tareas complejas de forma más precisa y estructurada. Ayudan a interpretar matices sutiles, generar procesos más lógicos y proporcionar análisis detallados.

**Estimulación de la cadena de pensamiento (CoT):** descompone las tareas en pasos manejables, minimiza los errores y garantiza soluciones comprensibles. Especialmente adecuada para las matemáticas, la lógica y la toma de decisiones.

**Cadena de pensamiento automática (Auto-CoT):** ejecuta la lógica paso a paso de forma independiente, ahorra tiempo y aumenta la flexibilidad para tareas con rutas de solución variables.

**Autoconsistencia:** Comparación de varios enfoques de solución para identificar la respuesta más coherente y plausible. Ideal para problemas ambiguos o complejos.

# Optimización de las tareas creativas y técnicas

Con un pequeño ajuste, los modelos lingüísticos pueden sobresalir tanto en tareas creativas como muy técnicas. La forma en que formulamos las instrucciones e interactuamos con ellas influye considerablemente en la calidad de los resultados. Tanto si se trata de escribir poesía como de generar código limpio y funcional, realizar ajustes específicos puede producir mejores resultados. En este capítulo analizaremos cómo optimizar las instrucciones para satisfacer las necesidades de los ámbitos creativo y técnico. Empezaremos ajustando la temperatura para controlar la creatividad, pasaremos a métodos para controlar la longitud de las respuestas y terminaremos con técnicas para tratar el código y otros resultados técnicos.

## Ajustar la temperatura para tareas creativas

En el ámbito de los prompts, **la "temperatura"** es un potente parámetro que puede utilizar para influir en el tipo de respuestas generadas por el modelo lingüístico. La temperatura determina lo **determinista** o **aleatoria** que será la salida del modelo. Una temperatura más baja produce respuestas más predecibles, mientras que una temperatura más alta conduce a resultados más variados e imaginativos.

Piensa en la temperatura como en el regulador de un termostato creativo. Para respuestas prácticas y claras, baja la temperatura. En cambio, si necesitas ideas frescas e innovadoras, como una nueva vuelta de tuerca a una vieja historia, una sesión de brainstorming o un proyecto artístico poco convencional, sube la temperatura. Pero cuidado: una temperatura demasiado alta puede hacer que la respuesta del modelo deje de tener sentido.

## Baja temperatura frente a alta temperatura: aplicación práctica

### Baja temperatura para tareas técnicas

Imagina que estás trabajando en dos proyectos diferentes. Uno requiere la creación de documentación técnica, el otro la creación de una trama de ficción para un universo de ciencia ficción. Para la documentación técnica, quiere claridad y precisión. En este caso, lo más adecuado es low temperature. El modelo se centra en hechos conocidos y ofrece respuestas coherentes, predecibles y concisas.

### Pronto con baja temperatura:

```
"Explica cómo los paneles solares convierten la luz solar en 
electricidad en términos claros y sencillos".
```

### Respuesta a bajas temperaturas:

```
"Los paneles solares convierten la luz solar en electricidad 
utilizando células fotovoltaicas. Estas células captan la energía 
del sol y la convierten en electricidad mediante el efecto 
fotoeléctrico. A continuación, la electricidad se convierte de 
corriente continua (CC) a corriente alterna (CA) para que pueda 
utilizarse con fines domésticos o comerciales".
```

En este caso, la baja temperatura garantiza que la explicación siga siendo clara y objetiva, sin rodeos innecesarios ni interpretaciones creativas que puedan perjudicar la comprensibilidad.

### Alta temperatura para tareas creativas

En cambio, cuando se desarrolla un universo de ciencia ficción, se buscan respuestas menos previsibles, que estimulen la imaginación y se aparten de los clichés convencionales. En este caso, entra en juego una temperatura elevada.

**Pronto con alta temperatura:**

"Crear una trama para un universo de ciencia ficción en el que la humanidad descubre una fuente de energía más allá de nuestra comprensión".

**Respuesta con alta temperatura:**

"En un futuro próximo, un equipo de exploración de un exoplaneta descubre una misteriosa fuente de energía llamada "onda vital". Esta forma de onda parece ser inteligente y tiene la capacidad de reflejar pensamientos y emociones. A medida que la humanidad intenta aprovechar esta fuente de energía, comienza a desencadenar efectos inesperados en la conciencia de las personas, sacando a la luz secretos profundamente ocultos de la propia humanidad."

La alta temperatura aquí conduce a una idea más creativa y original, ideal para proyectos de ficción o conceptuales.

## Resumen

- **Baja temperatura:** Ideal para **tareas técnicas** en las que la claridad, los hechos y la estructura son importantes. Evita la creatividad innecesaria que podría comprometer la precisión.
- **Alta temperatura:** Perfecto para **tareas creativas** que estimulen la imaginación y fomenten ideas poco convencionales.

**Pronto con alta temperatura:**

"Crea la historia de un viajero intergaláctico que descubre una civilización inesperada en un planeta lejano"

**Respuesta con alta temperatura:**

"Mientras navegaba a la deriva por los confines de la galaxia de Andrómeda, la capitana Elara se topó con un mundo iridiscente que brillaba en el espacio como un diamante roto. Al aterrizar, se dio cuenta de que los habitantes no se comunicaban con palabras, sino a través de patrones vívidos y pulsantes en su piel: un complejo lenguaje de luz que contenía los secretos de una antigua alianza estelar que ningún humano había visto antes. Hablaban de un pacto olvidado con , una raza de energía pura que protegía las mareas solares. Pronto Elara se enfrentó a la tarea de renovar este pacto para salvar su propio universo."

Un ajuste de temperatura alto (o especificando un "nivel de creatividad" más alto en el prompt) te proporciona un resultado más dinámico e impredecible. Este enriquecimiento de la profundidad narrativa y la textura es ideal para proyectos creativos como la narración de historias, la lluvia de ideas o el arte conceptual. Los detalles son inesperados e inspiran nuevas ideas: perfecto para escritores, creadores de contenidos y profesionales del marketing que quieran aportar originalidad a su trabajo.

## *Ámbitos prácticos de aplicación de la regulación de la temperatura*

Escenarios de baja temperatura:

· **Redacción técnica:** Manuales, documentación, instrucciones.

- **Respuestas basadas en hechos:** textos académicos, preguntas frecuentes, servicio de atención al cliente.

- **Precisión y fiabilidad:** tareas que requieren precisión y claridad, como informes científicos o documentos jurídicos.

**Ejemplo:**

```
"Explica cómo funciona un coche de pila de combustible de
hidrógeno".
```

**Respuesta a bajas temperaturas:**

```
"Un coche de pila de combustible utiliza gas hidrógeno, que
reacciona con el oxígeno en una pila de combustible. Esta
reacción genera electricidad, que acciona el motor eléctrico, y
sólo emite agua como subproducto".
```

**Escenarios de alta temperatura:**

- **Escritura creativa:** Relatos, poemas, creación de mundos de ficción.
- **Sesiones de brainstorming:** Ideas innovadoras para campañas, nuevos conceptos de productos.
- **Marketing:** eslóganes pegadizos.

**Ejemplo:**

```
"Desarrollar una descripción poética del atardecer en un planeta
alienígena".
```

# Respuesta con alta temperatura:

"El crepúsculo en Vyris-7 era una danza de velos de luz esmeralda
y cobre que fluían por los valles oceánicos como un aliento vivo.
Cada atardecer contaba una historia diferente, como si el propio
cielo tejiera en color los recuerdos del planeta".

**Valores de temperatura y consejos prácticos**

**Temperatura baja (0,2 - 0,4):**

Buena para **contenidos claros y basados en hechos** que deben ser precisos y coherentes.

Ejemplo: informes técnicos, instrucciones de uso.

**Temperatura media (0,5):**

Perfecto para **contenidos equilibrados** que siguen siendo informativos pero dejan espacio para un diseño creativo.

Ejemplo: Guiones para vídeos explicativos que sean a la vez cautivadores y didácticos.

**Alta temperatura (0,7 - 1,0):**

Ideal para **producciones creativas e imprevisibles** que requieren originalidad y variedad.

Ejemplo: Lluvia de ideas para nuevas campañas o argumentos conceptuales.

**Creatividad frente a coherencia: encontrar el equilibrio**

El ajuste de la temperatura influye en el equilibrio entre **creatividad** y **coherencia**:

· **La baja temperatura minimiza las tendencias exploratorias** del modelo y le ayuda a ceñirse a los hechos establecidos.

· **La alta temperatura aumenta la capacidad del modelo para generar contenidos novedosos y sorprendentes**, pero conlleva el riesgo de perder coherencia y precisión.

Un ajuste de temperatura media (por ejemplo, 0,5) es adecuado para tareas que requieren ambas cosas, como los **contenidos de orientación educativa** que aún deben ser cautivadores. Esto permite libertad creativa sin perder de vista lo básico.

## Adaptación a los grupos destinatarios

Ajustar la temperatura también puede ayudar a adaptar mejor los contenidos a los distintos grupos destinatarios:

· **Mayor temperatura para los grupos destinatarios más jóvenes:** Hace que el contenido sea más colorido y atractivo.
· **Temperatura más baja para contextos de negocios o formales:** garantiza un tono profesional y preciso.

Resumen:

El ajuste de la temperatura es como un **regulador de la personalidad** de las respuestas del modelo:

- **Baja temperatura:** Contenidos fiables y basados en hechos para proyectos técnicos, académicos o profesionales.
- **Alta temperatura:** resultados creativos, diversos y a veces sorprendentes para la narración, el arte o el marketing.

La experimentación específica con los valores de temperatura permite aprovechar todo el potencial del modelo, ya sea para informar, entretener o inspirar.

En las interfaces que permiten la **configuración explícita de la temperatura** (por ejemplo, **las API de GPT o OpenAI Playground**), influye directamente en el grado de creatividad y precisión de las respuestas del modelo. La temperatura influye en lo deterministas o aleatorias que son las respuestas del modelo:

**Valores bajos (por ejemplo, 0,2):**
**Resultados:** Concéntrese en respuestas precisas y basadas en hechos.
**Ideal para:** Manuales técnicos, informes científicos, comunicación empresarial.
**Valores altos (por ejemplo, 0,8):**
**Resultados:** Productos más creativos, más variables y con ideas originales.
**Ideal para:** Escritura creativa, lluvia de ideas, marketing.

En interfaces como **ChatGPT en el navegador**, que no ofrecen controles directos de temperatura, también puedes influir en la creatividad de las respuestas variando la estructura de tus indicaciones:
**Para resultados deterministas y precisos:**
Utilice instrucciones específicas y detalladas.

```
"Explica en tres frases cómo funciona un motor eléctrico".
```

**Para respuestas creativas e imprevisibles:**
Formule preguntas abiertas y exploratorias.

```
"Describe cómo podría organizar su vida cotidiana un futuro
colono de Marte".
```

Ajustando la temperatura de forma selectiva, podrá aprovechar al máximo los puntos fuertes del modelo, ya sea para la precisión factual o para la libertad creativa. En las siguientes secciones, aprenderá cómo puede lograr otras optimizaciones controlando la longitud de respuesta y utilizando técnicas específicas para tareas técnicas.

## Control de la longitud de respuesta

A la hora de crear instrucciones, un factor clave es la longitud deseada del resultado. Cada tarea requiere un nivel de detalle diferente: a veces basta con un breve resumen, mientras que otras tareas exigen una respuesta exhaustiva y en profundidad. Controlar la longitud de la respuesta puede ayudarle a adaptar el resultado a sus necesidades específicas, ya se trate de información concisa o de una amplia exploración creativa. Esta flexibilidad le permite encontrar el equilibrio adecuado entre brevedad y detalle para garantizar que el contenido generado cumple su propósito.

### *Por qué es importante controlar la longitud*

La longitud de la respuesta de un modelo lingüístico puede tener un impacto significativo en la calidad y usabilidad del contenido generado. Por ejemplo, una respuesta concisa es crucial cuando se trata de resumir puntos clave o de crear contenidos fáciles de entender y rápidamente consumibles. Por otro lado, las respuestas más largas y detalladas pueden aportar profundidad, contexto y explicaciones de gran valor para la investigación, la narración de historias o la resolución de problemas complejos.

Piense en una situación en la que necesite una visión rápida de un tema como las energías renovables. Una respuesta breve en le ayudará a comprender la esencia sin elaboraciones innecesarias. Sin embargo, si estás investigando para un informe o escribiendo un artículo, necesitas una respuesta más larga y detallada que destaque diferentes aspectos, como las tecnologías, los beneficios, los retos y las perspectivas de futuro. Esta distinción pone de relieve la importancia de adaptar la longitud de la respuesta a los requisitos específicos de la tarea en cuestión.

## Técnicas de control de la longitud de respuesta

### *1. especificar explícitamente la longitud deseada*

La forma más sencilla de controlar la longitud de la respuesta es indicar su preferencia directamente en la indicación. Utilice frases como "Elabore un breve resumen de…" o "Escriba una explicación detallada de…" para establecer expectativas claras para el modelo. También puede ser más específico definiendo el número de frases o párrafos que desea.

**Ejemplo de respuesta corta:**

```
"Resuma las características más importantes del aprendizaje
automático en dos frases".
```

**Ejemplo de respuesta detallada:**

```
"Explique detalladamente el aprendizaje automático, incluyendo su
definición, tipos y aplicaciones, en al menos cinco párrafos".
```

Al especificar explícitamente la longitud deseada, se evita la ambigüedad y se guía al modelo para que genere contenidos que cumplan sus requisitos específicos.

85

## 2. utilización de indicadores de longitud

Términos como "visión general", "resumen", "análisis detallado" o "discusión exhaustiva" pueden indicar al modelo qué nivel de detalle se espera. Estos indicadores ayudan a adaptar mejor la extensión y profundidad de la respuesta a sus expectativas.

```
"Analice detalladamente las causas y los efectos del cambio
climático".
```

Es probable que esto dé lugar a una respuesta más larga en comparación con:

```
"¿Qué es el cambio climático?"
```

Los indicadores de longitud indican al modelo el alcance de la respuesta deseada y garantizan que el nivel de detalle y complejidad se ajustan a sus requisitos.

## 3. uso de cebadores o iniciadores para el preajuste

Un tono inicial adecuado también puede ayudar a controlar la longitud de la respuesta. Por ejemplo, un tono como

```
"Explica detalladamente cómo..."
```

el modelo que se desea una respuesta detallada.

```
"Explique detalladamente cómo pueden contribuir las energías
renovables a reducir las emisiones de ₂CO".
```

Una cartilla de este tipo da al modelo una dirección clara para una respuesta exhaustiva.

Los cebadores sirven para indicar al modelo si se requiere una respuesta corta o larga y ayudan a diseñar la respuesta en consecuencia.

## 4. dividir la información en secciones

Si necesita una respuesta más larga y detallada, puede dividir la petición en secciones o pasos más pequeños. En lugar de pedir una explicación general sobre un tema complejo como la computación cuántica, puede crear una pregunta del tipo:

```
"Explique primero los principios básicos de la mecánica cuántica. 
A continuación, describa en cómo se aplican estos principios en 
la informática cuántica"
```

La división en secciones favorece que el modelo ofrezca una respuesta estructurada y exhaustiva que abarque todos los aspectos relevantes.

## 5. iteración y perfeccionamiento

El control de la longitud suele requerir un proceso iterativo. Si la respuesta inicial es demasiado corta o demasiado detallada, puede afinar la indicación para ajustar el resultado.
Si la respuesta es demasiado corta:

```
"¿Puede explicarnos con más detalle los retos de este proceso?"
```

Si la respuesta es demasiado larga:

```
"Resuma los puntos más importantes de la explicación anterior".
```

Este enfoque iterativo le permite ajustar gradualmente la longitud hasta que se adapte exactamente a sus necesidades.

## 6. ajustes de temperatura

Aunque los ajustes de temperatura se utilizan principalmente para la creatividad, pueden influir indirectamente en la longitud de las respuestas. Los valores más altos dan lugar a respuestas más variadas y exploratorias, que suelen ser más largas. Los valores más bajos, en cambio, producen resultados más centrados y concisos.

Mayor temperatura (más creativo, más tiempo):

```
"Describe los beneficios de la meditación para la salud mental y
física, con ejemplos creativos".
```

Temperatura más baja (más precisa, más corta):

```
"Enumera tres beneficios de la meditación".
Ajustar la temperatura es una forma sutil pero eficaz de
controlar la duración y el tono de la respuesta.
Ejemplo práctico
Supongamos que estás escribiendo un artículo sobre los beneficios
de la meditación. Si necesitas un breve teaser para las redes
sociales, puedes usar una frase como esta:
"Resuma los beneficios de la meditación en una o dos frases".
```

El modelo podría responder: "La meditación ayuda a reducir el estrés, mejorar la concentración y reforzar el bienestar emocional".

Sin embargo, cabría esperar una respuesta más exhaustiva para la entrada completa del blog:

```
"Escribe una entrada detallada en tu blog sobre los beneficios de
la meditación, incluidos sus efectos sobre la salud mental, la
salud física y la productividad".
```

En este caso, la respuesta incluiría varias secciones en las que se describiera cómo afecta la meditación a diferentes aspectos de la vida, complementadas con ejemplos y explicaciones.

Este ejemplo muestra cómo el control de la longitud de la respuesta puede adaptar el contenido a diferentes propósitos: desde textos breves y atractivos hasta explicaciones detalladas.

Controlar la longitud de la respuesta es una habilidad clave cuando se trabaja con modelos lingüísticos. Mediante técnicas como la especificación de la longitud deseada, los cebadores y el refinamiento iterativo, puede adaptar el resultado con precisión a los requisitos de su tarea.

## Equilibrio entre duración y calidad

Un problema habitual a la hora de controlar la longitud de la respuesta es el equilibrio entre detalle y claridad. Una respuesta larga que se pierda en información irrelevante en puede ser tan poco útil como una respuesta demasiado sucinta. Para encontrar el equilibrio adecuado, es fundamental redactar las preguntas de forma que promuevan tanto la profundidad como el enfoque.

En lugar de limitarse a pedir una explicación detallada, podría especificar, por ejemplo:

```
"Dar una explicación detallada de la fotosíntesis, centrándose en
el papel de la luz solar, la clorofila y el dióxido de carbono".
```

De este modo, usted orienta el modelo no sólo en cuanto a la longitud de respuesta deseada, sino también en cuanto a los aspectos clave que deben cubrirse. Así se garantiza que los detalles proporcionados sean pertinentes e informativos.

Al especificar los puntos clave que deben tratarse, se asegura de que la respuesta se mantiene centrada y no se desvía hacia temas irrelevantes. De este modo se garantiza tanto la calidad como la pertinencia del contenido.

## Conclusión

Controlar eficazmente la longitud de las respuestas de los grandes modelos lingüísticos (LLM) es una capacidad importante para garantizar que el contenido generado cumple sus requisitos específicos, ya sea una respuesta breve y concisa o un análisis en profundidad. Con instrucciones claras, un refinamiento iterativo y la provisión del contexto adecuado, puede utilizar todo el potencial de los modelos lingüísticos para producir tanto resúmenes breves como informes exhaustivos.

Este enfoque no sólo mejora la calidad de los contenidos generados, sino que también los hace versátiles: desde resúmenes rápidos a explicaciones detalladas. Aplicando estas técnicas, puede utilizar los LLM para una amplia gama de aplicaciones y aumentar así la eficacia de su trabajo.

**Consejo:**

*El modo lienzo de la versión para navegador de ChatGPT o Claude permite generar respuestas detalladas ampliando el contexto de partes individuales de la salida. Esto resulta especialmente útil para contenidos detallados o extensos con mucho texto continuo. Sin embargo, una longitud excesiva de las respuestas puede afectar a la calidad, dando lugar a contenidos menos centrados o repetitivos*

# Manejo de código e indicaciones técnicas

A la hora de crear instrucciones para generar o analizar código, la precisión es primordial. Tareas técnicas como la escritura de código requieren detalles precisos para obtener resultados eficaces y sin errores. La forma de formular la pregunta puede influir considerablemente en la calidad de la respuesta.

## Precisión con las indicaciones técnicas

La redacción de instrucciones técnicas suele empezar por proporcionar un contexto y unos requisitos claros. Piense en el tipo de instrucciones que daría a un desarrollador junior de . El modelo sólo puede generar fragmentos de código de alta calidad si sabe exactamente lo que buscas. Por ejemplo, si necesitas código Python para un problema concreto, debes especificar los requisitos con exactitud: qué entradas debe esperar la función, qué salidas son necesarias y qué casos especiales hay que tener en cuenta.

Supongamos que desea crear un script que ordene una lista.

Una pregunta vaga como

```
"Escribir código para ordenar una lista"
```

podría ofrecer una respuesta funcional, pero es genérico y poco robusto.

Una indicación más precisa sería:

```
"Escriba una función Python llamada sort_list que tome una lista
de enteros como entrada y los devuelva en orden ascendente. La
función debe contener comprobaciones de tipo para aceptar sólo
enteros y devolver un mensaje de error si la entrada no es
válida."
```

Esta redacción específica aumenta la probabilidad de que la respuesta sea correcta y se adapte a sus necesidades.

## Descomposición de solicitudes complejas

Otro principio importante a la hora de crear indicaciones técnicas es desglosar las tareas complejas. El modelo funciona de forma más eficaz cuando cada subtarea se presenta paso a paso. En lugar de pedir al modelo que cree una aplicación web completa que realice un seguimiento de las actividades del usuario, puede dividir la tarea en pasos más pequeños:

```
"1. Escribir código para configurar un servidor sencillo".
"2. Crear una función para rastrear la actividad de los usuarios".
"3. Integrar esta función en una interfaz web".
```

Este enfoque paso a paso facilita la revisión y gestión de los gastos y permite identificar posibles problemas en cada etapa.

## Provisión de contexto y dependencias

El contexto es crucial para las indicaciones de código, especialmente cuando las dependencias juegan un papel importante. Si el código generado debe utilizar ciertas bibliotecas o adherirse a convenciones específicas, menciónelas explícitamente.

```
"Escribe un script en Python que lea datos CSV con la librería
Pandas y visualice los datos con Matplotlib".
```

Esto garantiza que el modelo no intente desarrollar su propia solución con el procesamiento básico de archivos, sino que utilice bibliotecas establecidas que sean adecuadas para la tarea.

## Ejemplos de entrada y salida

Puede ser útil proporcionar un ejemplo de la entrada y salida esperadas para dirigir el modelo en la dirección correcta.

"Escriba una función que acepte una lista de diccionarios. Cada diccionario representa un usuario con los campos nombre y edad. La función debe devolver una lista de nombres, ordenados por edad. He aquí un ejemplo de entrada y salida:

Entrada: [{'nombre': 'Anna', 'edad': 30}, {'nombre': 'Ben', 'edad': 25}]
Salida: ['Ben', 'Anna']"

Al proporcionar una estructura clara, se reduce la ambigüedad y se ayuda al modelo a comprender mejor la lógica y la estructura deseadas.

## Uso de pseudocódigo como guía

Otra técnica eficaz es guiar el modelo con pseudocódigo. Por ejemplo, si quieres implementar una lógica compleja, una descripción en lenguaje sencillo o pseudocódigo puede ser muy útil.

**Ejemplo:**

```
"Escriba una función que calcule la frecuencia de cada carácter
en una cadena. El proceso debería ser así:
1. inicializar un diccionario vacío.
2. iterar por la cadena y añadir cada carácter que aún no exista
```

```
en el diccionario.
3. aumentar el contador si el personaje ya existe.
4. devuelve el diccionario".
```

Esta guía paso a paso ayuda al modelo a crear una respuesta lógicamente estructurada y bien pensada.

## Conclusión

Tratar el código y las indicaciones técnicas requiere precisión, claridad y, a menudo, un enfoque paso a paso. Si se proporciona contexto, se especifican las dependencias de y se utilizan ejemplos, se puede garantizar que el modelo genere código de alta calidad. La descomposición de tareas complejas y el uso de pseudocódigo también facilitan la obtención de resultados estructurados y específicos. Aplicando estas técnicas, puede mejorar considerablemente la eficacia y precisión de las tareas técnicas.

## Formato para una mejor legibilidad

Cuando se trabaja con instrucciones técnicas, el formato tanto de la instrucción como del resultado es crucial para la claridad. Utiliza etiquetas de formato o secciones claramente separadas para estructurar la entrada y el comportamiento esperado. Este enfoque es especialmente importante si el código generado abarca varios archivos. En tales casos, puede proporcionar instrucciones estructuradas como:

"Crear un proyecto Python con dos archivos. El primer archivo debe contener una función que raspe los datos de la web, y el segundo archivo debe utilizar esta función para almacenar los datos en un archivo local. Añade instrucciones claras de importación".

Anime también al modelo a comentar el código generado. Preguntas como "Añada comentarios detallados a cada función y explique las secciones lógicas complejas de " harán que el resultado sea mucho más fácil de entender, especialmente en tareas de codificación largas o complicadas. Esto es especialmente útil si el código va a ser utilizado por otras personas o si necesitas refrescar la lógica más adelante.

## Tratamiento de errores y casos límite

Los prompts técnicos también deben tener en cuenta la gestión de errores. Si no se especifican excepciones o condiciones de error, el código generado podría perder robustez. Una indicación eficaz podría ser:

"Crear una función que lea un fichero y devuelva su contenido, con un tratamiento de errores adecuado en caso de que el fichero no exista o falle la operación de lectura."

De este modo, se asegura de que el modelo tiene en cuenta todos los aspectos prácticos que hacen que el código sea utilizable en aplicaciones reales.

Para tareas complejas, también tiene sentido pensar en los casos límite que podrían provocar un fallo del código e incluirlos en el aviso. Ejemplo:

Si estás escribiendo una función que divide dos números, podrías añadir:

```
"Asegúrate de que la función maneja la división por cero lanzando
un error apropiado".
```

Este enfoque no sólo garantiza la solidez del código, sino también que la solución esté lista para su uso en situaciones reales.

## Integración de pruebas y validación

Las pruebas y la validación también deben formar parte de la solicitud. Pedir al modelo que cree casos de prueba puede mejorar aún más la calidad del resultado. Ejemplo:

```
"Escriba una función Python que calcule el factorial de un número
y añada algunos casos de prueba para comprobar la corrección,
incluyendo casos límite como 0 y números negativos".
```

Al hacer que el modelo piense en las pruebas, se obtienen resultados que se adaptan mejor a las aplicaciones del mundo real.

## Tratar al modelo como a un desarrollador junior

Si tratas al modelo como a un desarrollador junior que necesita instrucciones detalladas paso a paso, puedes obtener un resultado técnico que no sólo sea funcional, sino también eficiente, bien documentado y mantenible. Una detallada y estructurada conduce a un código de mayor calidad que cumple requisitos específicos y reduce el esfuerzo de personalización y depuración posterior.

Este método garantiza que el código generado sea claro, robusto y esté preparado para situaciones reales, un paso crucial para utilizarlo con éxito en los proyectos.

**Consejo:**

*El modo canvas de ChatGPT es especialmente útil para la gestión de errores. Gracias a la posibilidad de ofrecer respuestas avanzadas, puede proporcionar un fragmento de código completo y solicitar un análisis detallado de los posibles errores, sugerencias de depuración e incluso explicaciones de por qué se producen los errores. También puede resaltar una parte específica del código y solicitar directamente una solución para esa sección exacta. Esto facilita enormemente el proceso de depuración, especialmente con bases de código complejas, y garantiza una resolución de problemas más eficaz.*

# Iteración y prueba de los mensajes

## Perfeccionamiento iterativo

Crear un mensaje eficaz rara vez se consigue en un solo intento. Al igual que ocurre con los procesos creativos o técnicos, para lograr resultados óptimos suele ser necesario un enfoque iterativo: un ciclo continuo de pruebas, ajustes y perfeccionamiento para optimizar la calidad del resultado. Este enfoque iterativo permite eliminar ambigüedades, ajustar el nivel de detalle y mejorar la claridad, lo que en última instancia se traduce en un resultado más acorde con los objetivos. En esta sección exploraremos el arte del perfeccionamiento iterativo y veremos cómo cada iteración nos acerca al resultado deseado.

### La importancia de la iteración

La iteración es la clave del éxito en el diseño de instrucciones. Piense en cada pregunta como en un anteproyecto, un punto de partida que evoluciona a través de la interacción con el modelo lingüístico. El primer intento puede proporcionar una respuesta que se acerque a sus expectativas, pero a menudo resulta que es necesario realizar ajustes. Al perfeccionar la pregunta de forma iterativa, puede reducir gradualmente la distancia entre sus expectativas y los resultados del modelo, haciendo que el resultado sea cada vez más preciso y específico.

Si preguntas:

```
"Explica cómo funciona la fotosíntesis"
```

y la respuesta es demasiado general o superficial, podría afinar la pregunta diciendo:

```
"Explicar cómo funciona la fotosíntesis, centrándose en el papel
de la clorofila y las reacciones dependientes de la luz".
```

Este refinamiento ayuda a guiar el modelo específicamente hacia la información requerida.

Sin embargo, el proceso iterativo no sólo implica adaptar el contenido; también puede incluir cambios en el tono, la longitud, la complejidad o la estructura de la respuesta. Tal vez querías una explicación amable y desenfadada, pero la respuesta sonaba demasiado formal. En este caso, un simple ajuste como

```
"Explica la fotosíntesis en un tono ameno y atractivo, adecuado
para alumnos de enseñanza media. Se centra en el papel de la
clorofila y las reacciones dependientes de la luz"
```

marcan una gran diferencia. Cada iteración es un paso hacia una comunicación más eficaz con el modelo lingüístico y le permite adaptar las respuestas a sus necesidades específicas.

## Técnicas para un perfeccionamiento eficaz

## 1. análisis de la primera cuestión

El primer paso para perfeccionar una pregunta es analizar detenidamente la respuesta inicial. Identifique los elementos que no cumplen sus requisitos. ¿Falta profundidad? ¿Demasiada jerga? ¿Insuficiente estructura? Al reconocer específicamente estos problemas, puede realizar cambios específicos que orientarán el modelo en la dirección correcta.

## 2. cambiar una variable cada vez

Para entender el efecto de un cambio en particular, a menudo es mejor cambiar sólo un aspecto de la pregunta a la vez. Si ajusta el tono, el enfoque del contenido y la longitud de la respuesta al mismo tiempo, será difícil determinar qué cambio tuvo el efecto deseado. En su lugar, debería cambiar sólo un elemento -por ejemplo, añadir una instrucción específica para el tono- y luego evaluar el impacto. Este enfoque controlado le ayudará a comprender exactamente qué funciona y qué no, lo que le permitirá obtener mejoras más predecibles.

## 3. experimentar con distintos enfoques

No tema experimentar con fórmulas o técnicas completamente distintas si sus primeras iteraciones no son satisfactorias. A veces, un pequeño cambio de redacción puede suponer una diferencia significativa. Si "Describa la importancia de la biodiversidad" le lleva a una respuesta demasiado técnica, puede probar:

```
"¿Por qué es importante la biodiversidad para mantener
ecosistemas sanos? Responda con un lenguaje sencillo".
```

La experimentación es clave para encontrar la redacción más eficaz, y a menudo puede revelar nuevas formas de mejorar la claridad y la relevancia.

## 4. considerar el grupo destinatario

A la hora de iterar, tenga siempre presente a su público objetivo. Un mensaje que funciona bien para un público general puede no ser adecuado para profesionales, y viceversa. A medida que vaya perfeccionando, piense si su mensaje se ajusta al nivel de conocimientos, intereses y necesidades de los lectores a los que va dirigido.

General:

```
"Explica la computación cuántica".
```

Específicos:

```
"Explique la computación cuántica a alguien con conocimientos
básicos de física pero sin conocimientos previos de informática".
```

Adaptar el mensaje a su público objetivo garantiza que la respuesta sea atractiva y comprensible, lo que es crucial para una comunicación eficaz.

## Ejemplo práctico de perfeccionamiento iterativo

Supongamos que desea generar una lista de ideas de desayunos saludables para una entrada de blog. Tu primera pregunta es:

```
"Haz una lista de ideas de desayunos saludables".
```

El modelo puede proporcionar una lista de opciones conocidas, como avena, yogur y huevos revueltos. Sin embargo, usted espera sugerencias más creativas y menos habituales. En este caso, podría afinar la pregunta:

```
"Crea una lista de diez ideas únicas y creativas para el desayuno
que se centren en ingredientes vegetales y superalimentos".
```

Gracias a esta iteración, puede ajustar el resultado a sus expectativas específicas y estimular la creatividad, la novedad y la concentración donde más se necesita. El perfeccionamiento iterativo le permite ampliar continuamente los límites de lo que el modelo lingüístico puede ofrecer y lograr resultados cada vez más atractivos y personalizados.

## Perfeccionamiento con fragmentos

Un método especialmente eficaz para perfeccionar los prompts es utilizar fragmentos de ediciones anteriores para guiar las nuevas iteraciones. Al identificar lo que funcionó bien -o lo que no funcionó- en una respuesta inicial, se puede formular una indicación revisada que incorpore estas percepciones y garantice que la siguiente versión de la respuesta sea una mejora. Si utiliza los modelos de OpenAI, es aconsejable trabajar en modo lienzo, donde los fragmentos pueden marcarse directamente y modificarse de forma selectiva. El resto del texto (es decir, la parte no marcada) permanece estático y no se modifica.

## Una mirada más atenta

Los fragmentos son partes de una respuesta especialmente acertadas o problemáticas. Supongamos que recibe una respuesta a la pregunta

```
"Explica cómo funcionan las energías renovables"
```

y estás particularmente satisfecho con la descripción de la energía solar, pero encuentras que la sección de energía eólica contiene muy pocos detalles. En este caso, podría crear una nueva pregunta del tipo:

"Explique cómo funcionan las energías renovables, utilizando el mismo nivel de detalle para la energía eólica que en su respuesta anterior sobre la energía solar".

# Ventajas del perfeccionamiento con fragmentos

## Destacar los éxitos

Los fragmentos le ayudan a destacar qué partes de una respuesta anterior han sido especialmente eficaces. Si un ejemplo o una analogía en particular han funcionado bien, puede incitar al modelo a utilizar este enfoque en otras partes de la respuesta. Este método aprovecha al máximo los elementos que ya funcionan y fomenta el uso coherente de los enfoques exitosos en toda la respuesta.

## Eliminación de puntos débiles

Si el resultado del modelo es incoherente, puede abordar estas lagunas directamente señalando las partes que han dado buenos resultados. De este modo, el proceso de perfeccionamiento es más eficaz, ya que se aprovecha lo que ya funciona y se centra específicamente en las secciones más débiles que hay que mejorar.

## Aplicación práctica

Imagina que estás escribiendo material didáctico sobre el ciclo del agua para alumnos jóvenes. Empiezas con la pregunta:

```
"Explicar el ciclo del agua en términos sencillos".
```

La respuesta describe bien la evaporación, pero ofrece una explicación confusa de la condensación. Podría afinar la pregunta de la siguiente manera:

```
"Explica el ciclo del agua en términos sencillos y asegúrate de
que la fase de condensación se describe con la misma claridad que
la fase de evaporación en la respuesta anterior".
```

Esto le permite aprovechar directamente las partes que han tenido éxito y mejorar las más débiles de forma selectiva. El resultado es una explicación coherente y comprensible que satisface mejor las necesidades de su grupo destinatario.

## Iteración y fragmentos: un enfoque sinérgico

La combinación del perfeccionamiento iterativo con las técnicas basadas en fragmentos crea una potente sinergia para optimizar las instrucciones. La iteración permite dar forma a la respuesta de forma incremental, mientras que los fragmentos proporcionan elementos concretos en los que centrarse, ya sea para replicar o mejorar. Juntas, estas estrategias garantizan que las preguntas evolucionen de forma eficaz y que los resultados sean siempre de alta calidad.

Utilizando ambos métodos, puede refinar las preguntas de forma estructurada y eficaz. Esto mejora significativamente la calidad, claridad y utilidad de las respuestas del modelo y le ayuda a conseguir los resultados deseados con mayor rapidez y precisión.

# La combinación de técnicas

La combinación de distintas técnicas de guiado puede dar lugar a resultados más ricos y eficaces, sobre todo en tareas complejas o difíciles. Al igual que un chef combina varios ingredientes para crear un plato que es más que la suma de sus partes, puede combinar distintos enfoques para lograr resultados óptimos con un modelo lingüístico. Mezclando de forma creativa distintas estrategias, podrá aprovechar todo el potencial del modelo y adaptar sus respuestas a sus necesidades específicas. En esta sección se explica cómo la combinación de técnicas como **la cadena de pensamiento (CoT)**, la **asignación de roles**, la **guía paso a paso** y la **orientación mediante ejemplos** puede ampliar considerablemente las capacidades del modelo para alcanzar diversos objetivos.

## Combinar instrucciones basadas en ejemplos con instrucciones paso a paso

Un enfoque eficaz consiste en utilizar como base indicaciones basadas en ejemplos y añadir una capa de instrucciones paso a paso. Por ejemplo, si quiere desarrollar una estrategia de marketing detallada, puede empezar con un ejemplo bien desarrollado de una campaña de éxito y luego guiar gradualmente al modelo para que desarrolle una campaña similar adaptada a un sector o grupo objetivo específico.

"He aquí un ejemplo de una exitosa campaña de marketing para
productos sostenibles. Basándote en él, desarrolla una estrategia
para una campaña dirigida a los millennials y que utilice las
redes sociales."

Esta combinación garantiza que el modelo comprenda la estructura, pero al mismo tiempo tenga la flexibilidad necesaria para adaptar los detalles al contexto. La guía paso a paso garantiza que las respuestas estén estructuradas de forma lógica y que el modelo no se pierda en ambigüedades. El uso de ejemplos concretos facilita que el modelo genere contenidos pertinentes y aplicables.

## Combinar la asignación de funciones y la cadena de pensamiento

Otro método eficaz consiste en combinar la asignación de roles con la inducción de la cadena de pensamiento (CoT). Al asignar al modelo un papel específico (por ejemplo, científico medioambiental, gestor de proyectos o experto en marketing) se crea un contexto general que determina la naturaleza de las respuestas. Al incorporar la inducción de la CoT, se anima aún más al modelo a presentar su razonamiento dentro de este papel especializado, lo que da lugar a respuestas más ricas y completas.

"Usted es un gestor de proyectos. Resuelve un problema
presupuestario con un análisis paso a paso y explica qué
decisiones tomas y por qué".

Gracias a esta combinación, el modelo proporciona ideas prácticas y lógica-mente estructuradas. La asignación de roles da forma a las suposiciones y prioridades, mientras que las indicaciones del TdC enriquecen la respuesta con cadenas de razonamiento comprensibles. El resultado es una respuesta que no sólo resuelve el problema, sino que también aporta contexto y razonamiento, lo que resulta especialmente útil para los procesos de toma de decisiones.

## Control de sonido y estilo

Combinar distintas técnicas también es una buena forma de controlar el tono y el estilo de una respuesta. Por ejemplo, si quieres una respuesta que sea a la vez informativa y emocionalmente atractiva, puedes combinar instrucciones directas sobre el contenido con una petición para utilizar un estilo de lenguaje empático y humano.

**Ejemplo:**

```
"Escribe una carta de ánimo a un colega que se enfrenta a una 
situación difícil. Incluye hechos, pero utiliza un tono cálido y 
compasivo".
```

Este enfoque garantiza que la respuesta sea precisa en cuanto a los hechos y emocionalmente atractiva, lo que aumenta el impacto general de la respuesta. Del mismo modo, cuando se trabaja con públicos diversos, se puede combinar una afirmación objetiva con una indicación que se ajuste al tono para garantizar que el contenido sea preciso y esté adecuadamente matizado.

## Iteración: la clave del perfeccionamiento

Cuando se combinan varias técnicas, la iteración es especialmente importante. Empiece con una indicación inicial combinada, evalúe el resultado y, a continuación, perfeccione uno o varios niveles para mejorar los resultados.

# Ejemplos de perfeccionamiento:

- Puede que el ejemplo proporcionado sea demasiado limitado. En ese caso, puede ampliarlo para permitir una mayor flexibilidad.
- Las instrucciones paso a paso pueden no ser lo suficientemente detalladas, por lo que se requieren instrucciones adicionales.

Mediante ajustes iterativos, puede asegurarse de que las técnicas funcionan juntas, lo que conduce a un uso más eficaz del modelo. Este proceso es similar al perfeccionamiento de una receta: cada ajuste le acerca más al resultado deseado y, en última instancia, conduce a un producto que es mayor que la suma de sus partes.

## Flexibilidad mediante la combinación de técnicas

La combinación de técnicas ofrece un enfoque flexible para abordar tareas complejas, de varios niveles o subjetivas. Al igual que un artesano selecciona las herramientas adecuadas para las distintas partes de un proyecto, usted puede combinar distintos métodos de orientación para satisfacer sus necesidades específicas. La clave está en comprender los puntos fuertes y débiles de cada técnica y encontrar la combinación óptima que funcione de forma armoniosa para la tarea en cuestión.

Tanto si se trata de guiar al modelo a través de un análisis lógico como de animarle a aportar ideas creativas, la combinación de técnicas puede ser una forma muy eficaz de lograr resultados óptimos.

## Probar diferentes modelos

### ¿Por qué probar varios modelos?

Cuando se trabaja con grandes modelos lingüísticos (LLM), a menudo no basta con un solo modelo. Cada modelo tiene puntos fuertes y débiles específicos que lo hacen utilizable de forma diferente en función de la tarea. Imagine que es un chef y que cada modelo es un ingrediente distinto en su cocina: algunos modelos son picantes, otros dulces y muchos tienen matices sutiles que sólo se hacen evidentes cuando los prueba. Probando y combinando distintos modelos, puede crear la mezcla perfecta para sus necesidades.

Los LLM difieren en su conjunto de datos de entrenamiento, su arquitectura y sus sesgos inherentes, lo que significa que rinden de forma distinta en contextos diferentes. Por ejemplo, un modelo puede ser especialmente bueno en tareas creativas como escribir metáforas o narraciones, mientras que otro puede destacar en precisión técnica o hechos bien fundamentados. Al probar distintos modelos, puedes identificar el que mejor se adapta a tu tarea específica, ya sea escribir un poema conmovedor o realizar un análisis técnico en profundidad.

### Primeros pasos en las pruebas

Una buena forma de empezar a hacer pruebas es seleccionar un conjunto básico de modelos con distintas especializaciones. Por ejemplo:

- Por un lado, utilizar un modelo conocido por su creatividad,
- otro modelo caracterizado por un tono conversacional,
- y otra especializada en la creación de contenidos técnicos estructurados.

Una vez seleccionados los modelos, puede enviar la misma pregunta a cada uno de ellos y comparar sus resultados. Este método no sólo le ayuda a encontrar el modelo más eficaz para su propósito, sino que también le ofrece una valiosa perspectiva de cómo cada modelo interpreta el lenguaje de una manera única.

Un consejo útil cuando se prueban varios modelos es prestar atención a los tipos de respuestas que le sorprenden, tanto positivas como negativas. Algunos modelos proporcionarán ideas inesperadamente brillantes, mientras que otros pueden malinterpretar completamente su consulta . La clave está en mantener la mente abierta y ser paciente. El proceso suele estar lleno de descubrimientos inesperados que pueden ayudarle a perfeccionar su enfoque general de las preguntas.

En el caso de proyectos complejos o con varios niveles, la utilidad de probar varios modelos resulta especialmente evidente. Se puede utilizar un modelo para la lluvia de ideas, otro para comprobar los hechos y un tercero para añadir profundidad emocional o refinar el texto final. Cada modelo aporta un talento específico, y a través de las pruebas se aprende a orquestar esos talentos para crear un resultado coherente y eficaz.

Una forma divertida de probar distintos modelos es imaginarse al director de una película haciendo castings para distintos papeles.

**El Modelo A** podría ser el candidato perfecto para un monólogo dramático,

**Modelo B**, el cómico que aporta ligereza en el momento justo,

y **el modelo C**, el narrador, que lo une todo de forma cautivadora y coherente.

Al probar cada modelo, usted elige a los mejores "actores" para cada elemento de su proyecto y se asegura de que la "producción" final sea lo más convincente y eficaz posible.

## *Manténgase flexible*

Hay que tener en cuenta que constantemente aparecen nuevos modelos con funciones y características mejoradas. Probar varios modelos no es algo que se haga una sola vez, sino un proceso dinámico que evoluciona a medida que avanza la tecnología. Justo cuando creas que has encontrado el modelo perfecto para tus necesidades, puede que salga uno nuevo aún mejor. Mantente flexible y abierto a revisar tu "alineación" de vez en cuando para asegurarte de que siempre trabajas con las mejores herramientas disponibles.

## El arte de experimentar

La clave del éxito de un proceso de pruebas reside en la curiosidad, la paciencia y la adaptabilidad. Usted no es sólo un usuario, sino también un experimentador que busca una comunicación óptima. Al igual que en una cata de vinos en la que se busca el maridaje perfecto para un plato, hay que tomarse el tiempo necesario para explorar y apreciar los entresijos de cada modelo. El proceso puede llevar un poco más de tiempo, pero la inversión en calidad y creatividad merece con creces la pena. Además, descubrir nuevas posibilidades produce una emoción especial: la alegría de ver cómo los distintos modelos dan vida a sus ideas de formas inesperadas.

## Puesta a punto (basada en preguntas): Cómo adaptar el modelo a sus necesidades

El ajuste fino es como refinar una receta clásica para adaptarla a su gusto -un toque de esto aquí, una pizca de aquello allá- hasta que quede perfecta. Cuando se trabaja con grandes modelos lingüísticos (LLM), el ajuste fino ofrece la oportunidad de crear respuestas que se adapten mejor a sus necesidades específicas, a sus preferencias y a las complejidades de sus proyectos. No se trata sólo de hacer cambios, sino de personalizar el modelo para que actúe como una extensión de su propio pensamiento y creatividad.

## Ajuste fino para la optimización

Imagina que estás formando a un chef que ya conoce los fundamentos de la cocina, pero quieres que se especialice en una cocina concreta: la italiana, por ejemplo. Empezarías con los conocimientos que ya tiene, como picar, saltear y hornear, y luego le enseñarías técnicas especializadas, como hacer pasta, refinar salsas o seleccionar los ingredientes más frescos. Del mismo modo, perfeccionar un LLM significa tomar un modelo con una sólida base de conocimientos y especializarlo en lo que usted necesita, ya sea un tono de conversación concreto, detalles técnicos o enfoques creativos . Este proceso permite aprovechar lo que el modelo ya sabe y enriquecerlo con capas adicionales de conocimientos que lo hacen perfecto para su caso de uso.

## Perfeccionar el contenido y la presentación

El ajuste no sólo influye en el contenido, sino también en la forma de presentarlo. Por ejemplo, si su público objetivo prefiere explicaciones informales y desenfadadas, puede afinar el modelo para que adopte un estilo relajado y conversacional. Si, por el contrario, se dirige a un público de expertos jurídicos, puede perfeccionar el modelo para que comunique de manera precisa, formal y técnicamente correcta. Esta personalización específica garantiza que las respuestas del modelo no parezcan las de un asistente de voz genérico, sino las de alguien que entiende el contexto adecuado

El proceso de puesta a punto depende de lo mucho que quieras familiarizarte a nivel técnico y, por supuesto, de los recursos que tengas a tu disposición. Existen básicamente tres opciones: el ajuste fino tradicional, los GPT personalizados y el ajuste fino basado en instrucciones.

*El ajuste fino tradicional* (es decir, el ajuste iterativo de los parámetros del modelo a partir de un conjunto de datos de entrenamiento) requiere la infraestructura y los conocimientos adecuados. necesita una tarjeta gráfica potente y un conjunto de datos de entrenamiento amplio y bien seleccionado que contenga ejemplos del problema a resolver. En este libro no trataremos en detalle este método.

*Las GPT personalizadas* (OpenAI), en cambio, permiten diseñar un modelo para tareas muy específicas e instruirlo con la ayuda de las indicaciones del sistema y los archivos proporcionados para que pueda resolver de forma óptima la tarea deseada. Una vez que tu GPT personalizada ha aprendido exactamente lo que tiene que hacer, mantiene el contexto y puede resolver esta tarea una y otra vez sin instrucciones complicadas. Supongamos que desea crear descripciones de imágenes como parte de una optimización SEO de su sitio web. Una vez que la GPT personalizada haya aprendido lo que se espera de ella (¿o de ella?), sólo tiene que pasar imágenes y el modelo devolverá un archivo CSV con las descripciones de las imágenes (si ésa es la tarea explícita) sin necesidad de instrucciones específicas ni más consultas

*El perfeccionamiento basado en instrucciones* es más o menos de lo que trata este libro: optimizar el resultado mediante instrucciones finamente estructuradas y matizadas. En lugar de reentrenar por completo el modelo, se utilizan instrucciones refinadas para guiar su comportamiento. Esto requiere muchos menos recursos, ya que no se modifica la estructura básica (parámetr os/ponderación) del modelo. En algunos casos (por ejemplo, en OpenAI Playground), se pueden utilizar datos o métodos especiales (por ejemplo, LoRA - Low-Rank Adaptation) para adaptar el modelo a una tarea específica, mientras que las indicaciones siguen proporcionando la dirección o el marco principal.

## Lenguaje adaptado al contexto

Ciertas industrias y especialidades tienen una terminología específica: términos técnicos que los entendidos dan por sentados, pero que pueden resultar incomprensibles para los extraños. En el ámbito médico, por ejemplo, "stat" significa acción inmediata. El perfeccionamiento permite personalizar un LLM para que comprenda estos términos y los utilice correctamente. Ya se trate de jerga jurídica, términos médicos o terminología empresarial especializada, un modelo perfeccionado no sólo proporciona respuestas técnicamente correctas, sino también contextualmente adecuadas.

## Sensibilidad y ética

El perfeccionamiento es especialmente valioso cuando se trata de abordar temas delicados y cuestiones éticas. Un LLM utilizado como asistente de atención al cliente en el sector sanitario, por ejemplo, debe ser capaz de responder con empatía, ofreciendo consuelo y tranquilidad sin dejar de ser correcto y directo. La puesta a punto puede guiar al modelo para lograr un equilibrio entre la calidez y la profesionalidad evitando respuestas mecánicas o demasiado informales. Esto es crucial para mantener la confianza del usuario y garantizar que el modelo cumple su propósito con eficacia.

## Mayor eficacia gracias al ajuste fino

Otro resultado del ajuste es una mayor eficacia. Un modelo ajustado proporciona respuestas más pertinentes porque ha aprendido a centrarse en las áreas más importantes para su caso de uso. Por ejemplo, un modelo genérico podría divagar en información de fondo sobre una cuestión jurídica y pasar por alto los detalles que usted necesita. En cambio, un modelo perfeccionado iría directamente al grano, proporcionaría información específica y evitaría divagaciones innecesarias.

**Ejemplo:**

- Un modelo genérico podría decir: "La protección de una marca es un proceso mediante el cual se registra una marca para garantizar sus derechos sobre ella".
- Un modelo afinado de derecho de marcas podría responder: "La protección de la marca requiere la presentación de una solicitud ante la autoridad competente, que incluya una búsqueda de marcas para evitar conflic-

tos existentes. Los escollos típicos son la clasificación inadecuada de productos y servicios".

## Ajuste fino para aplicaciones específicas

Imagina que desarrollas un asistente de IA para un bufete de abogados especializado en propiedad intelectual. Un LLM genérico puede entender los fundamentos de la ley, pero le faltan los entresijos de los litigios sobre patentes o las solicitudes de marcas. Afinando el modelo con textos jurídicos pertinentes, estudios de casos y terminología especializada, lo entrenas para que se convierta en un cuasi experto en la materia. ¿Cuál es el resultado? El modelo proporciona respuestas más precisas y exactas que responden a las necesidades específicas de un abogado.

## Puesta a punto para tareas técnicas

El ajuste fino no sólo es útil para la generación de textos, sino también para tareas técnicas como la codificación. Puede adaptar un modelo a sus estándares, lenguajes de programación y convenciones preferidos.
**Ejemplo:**

- Un desarrollador de Python que favorece **snake_case** para los nombres de variables y tiene directrices estrictas para la documentación de código podría utilizar un modelo genérico que crea código que no se ajusta a estas normas.
- Por otro lado, un modelo perfeccionado generaría automáticamente código que se ajustara a tu estilo, incluyendo docstrings bien formateados y nombres de variables coherentes.

Esto ahorra tiempo, reduce el procesamiento posterior y convierte al modelo en un socio más eficaz en su entorno de trabajo.

## Paciencia y precisión en los ajustes

El ajuste fino requiere paciencia, ya que implica volver a entrenar determinadas partes del modelo con nuevos datos y realizar pruebas para garantizar que se obtienen los resultados deseados. Pero al igual que un artista refina una escultura hasta el más mínimo detalle, el ajuste fino da como resultado un modelo que cumple sus requisitos con una precisión casi a medida. Tanto si quiere que el modelo cumpla normas técnicas específicas, comunicarse con empatía o dominar la jerga específica del sector, el ajuste fino es la clave para desarrollar todo su potencial y garantizar que funcione exactamente como usted necesita.

# Aumentar la productividad en el trabajo diario y en la vida de oficina

El trabajo diario y la vida de oficina pueden ser a veces un reto: Bandejas de entrada de correo electrónico desbordadas, investigaciones que llevan mucho tiempo, creación de informes, análisis de datos u organización de proyectos. Sin embargo, con las últimas funciones de GPT-4o/o1/o3, Deepseek, Claude y compañía tiene a su alcance herramientas que no sólo pueden agilizar estas tareas, sino también hacerlas más inteligentes y creativas. Estos modelos combinan funciones lingüísticas avanzadas con herramientas especializadas como el tratamiento de archivos, la búsqueda en Internet, el reconocimiento de imágenes e incluso la integración con aplicaciones de Office como Excel y Word. En este capítulo, aprenderá a utilizar estas funciones para llevar su productividad al siguiente nivel.

## *Gestión y tratamiento inteligente de archivos*

La capacidad de GPT-4o para analizar archivos directamente elimina la necesidad de realizar tediosas revisiones manuales de los documentos. Puede cargar informes, PDF, hojas de cálculo de Excel o presentaciones y utilizar el modelo para resumir el contenido, resaltar los puntos clave o realizar análisis detallados.

**Ejemplos de uso:**

- **Análisis en PDF:** Cargue un informe de 50 páginas y deje que GPT-4o cree un resumen conciso con las cifras y conclusiones más importantes.

· **Análisis de datos en Excel:** cargue una tabla con cifras de ventas para reconocer tendencias, crear previsiones o sugerir gráficos significativos.

· **Índices automáticos:** Para documentos extensos, GPT-4o1 genera un índice o marca las secciones que deben revisarse.

## Búsqueda eficaz en Internet

La búsqueda web integrada de GPT-4o permite acceder a información actualizada en tiempo real. Ya se trate de análisis de mercado, artículos científicos o las últimas noticias, el modelo encuentra las fuentes pertinentes y presenta los resultados de forma clara y comprensible.

**Ejemplos:**

· **Análisis de la competencia:** haga que el modelo busque información sobre los competidores, incluidos sus puntos fuertes y débiles y sus estrategias de mercado.

· **Garantizar la actualización:** Compruebe de una sola vez si se han tenido en cuenta las leyes, normativas o tendencias del sector vigentes.

· **Comprobación de hechos:** verifique las afirmaciones de informes o presentaciones sin tener que investigar mucho.

## Creación automatizada de informes y documentos

GPT-4o se integra perfectamente en las aplicaciones de Office y puede crear documentos completos, informes o presentaciones a partir de datos brutos o puntos clave. Combina la precisión de los análisis de datos con la creatividad para redactar textos convincentes.

**Posibles aplicaciones:**

- **Documentos Word:** haga que el modelo cree un documento Word que genere automáticamente diagramas, explicaciones y conclusiones a partir de una tabla en Excel.
- **Presentaciones:** Especifique el objetivo de una presentación y GPT-4o creará diapositivas estructuradas con puntos clave, gráficos y diseños adecuados.
- **Actas automatizadas:** resuma las notas de las reuniones o extraiga las actas de las grabaciones de audio.

## Visualización de datos y automatización de tablas

La capacidad de procesar tablas y datos convierte a GPT-4o en una potente herramienta para trabajar con números. No solo puede analizar conjuntos de datos complejos, sino también prepararlos de forma visualmente atractiva.

**Aplicaciones prácticas:**

- **Automatización de Excel:** Cree fórmulas, tablas dinámicas o cálculos complejos simplemente utilizando comandos de voz como: "Calcule la facturación media mensual y muestre la evolución en un gráfico".
- **Visualización de datos:** Transforme los datos brutos en diagramas comprensibles que puedan insertarse directamente en los informes.
- **Cálculos con contexto:** GPT-4o1 puede ayudarle no sólo a calcular números, sino también a interpretar su significado, por ejemplo "Muestre los cinco productos más vendidos y explique las posibles razones de su éxito".

## Reconocimiento y análisis de imágenes

Gracias a su capacidad para analizar imágenes, GPT-4o abre nuevas posibilidades en el tratamiento de datos visuales. Cargue una imagen, gráfico o diagrama y el modelo reconocerá el contenido, sacará conclusiones y hará sugerencias de mejora.

**Ejemplos de aplicaciones creativas:**

- **Comprobación de documentos: revise** los contratos escaneados o las notas manuscritas para detectar detalles importantes o posibles errores.
- **Comentarios sobre el diseño:** cargue una diapositiva o un diseño y reciba sugerencias para conseguir un diseño más atractivo.
- **Interpretación de gráficos:** haga analizar los gráficos o representaciones visuales de los informes y destaque las tendencias o valores atípicos más importantes.

## Gestión y organización de proyectos

Por ejemplo, GPT-o1 puede ayudarte a planificar y gestionar proyectos de forma más eficiente creando listas de tareas, estableciendo plazos y sugiriendo planes de comunicación. Con la integración en herramientas como Trello o Asana, el modelo se convierte en un asistente versátil.

**Posibilidades:**

- **Priorización de tareas**: deje que el modelo optimice su lista de tareas pendientes y ordene las tareas según su urgencia e importancia.
- **Gestión del tiempo:** genere calendarios basados en los recursos disponibles y los plazos.
- **Resumen del proyecto:** Cree informes de progreso o planes de hitos a partir de las actualizaciones del proyecto.

## Apoyo creativo y estratégico

GPT-o1 no sólo es analítico, sino también creativo. Utilícelo para lluvias de ideas, desarrollo de estrategias o redacción de textos publicitarios.
   **Ejemplos:**

· **Sesiones de lluvia de ideas:** Deja que el modelo sugiera ideas innovadoras para campañas de marketing, nombres de productos o conceptos para eventos.
· **Textos publicitarios:** Formule mensajes de correo electrónico, publicaciones en redes sociales o descripciones de productos convincentes.
· **Planificación estratégica:** desarrollar estrategias detalladas basadas en datos y objetivos, por ejemplo, para entradas en el mercado o procesos internos.

## Apoyo lingüístico y de traducción

GPT-4o/o1 puede traducir textos a diferentes idiomas, teniendo en cuenta el tono y la adecuación cultural. También puede hacer sugerencias para una forma de expresión más precisa o elegante.

## Aplicaciones:

· **Traducciones:** Perfecto para equipos internacionales o para adaptar contenidos a otros mercados.
· **Corrección de textos:** Haz que el modelo revise los textos para comprobar su gramática, estilo y legibilidad.
· **Simplificar el lenguaje:** Cree textos en un lenguaje adaptado a grupos destinatarios específicos (por ejemplo, niños o profesionales).

## Comunicación automatizada

GPT-o1/3 puede actuar como un asistente de comunicación que no sólo formula textos, sino que también automatiza y personaliza las respuestas.
**Aplicaciones avanzadas:**

- **Automatización del correo electrónico:** GPT-4o1 puede generar respuestas estandarizadas a las consultas de los clientes o a los correos electrónicos internos. Basta con especificar el tono deseado (formal/informal) y el contenido clave.
- **Chatbots para atención al cliente:** Utiliza el modelo para crear un sistema inteligente y empático que responda a las preguntas de los clientes las 24 horas del día.
- **Resúmenes de reuniones:** Sube grabaciones de audio o transcripciones y GPT-4o1 creará un resumen conciso con los puntos clave y las tareas pendientes.

## Gestión del conocimiento y formación

Un LLM puede convertirse en un componente central de su gestión del conocimiento al consolidar información de distintas fuentes y presentarla de forma comprensible.
**Posibles aplicaciones:**

- **Bases de datos de conocimiento interno:** utilice el modelo para crear preguntas frecuentes, resumir manuales o explicar procesos internos.
- **Incorporación de nuevos empleados:** deje que GPT-4o1 cree planes de formación personalizados basados en las funciones y tareas de los nuevos miembros del equipo.
- **Transferencia de conocimientos:** documente la experiencia de emplea-

dos experimentados utilizando el modelo para resumir entrevistas o registrar procesos de forma estructurada.

## Visualización creativa

GPT-4o puede utilizar descripciones de texto para crear contenidos visuales como infografías o guiones gráficos. Esto es especialmente adecuado para marketing, diseño y comunicación de datos.
**Posibles escenarios:**

· **Genere infografías:** Describa sus datos y su finalidad, y el modelo diseñará conceptos visuales para representarlos mejor.
· **Storyboard para vídeos:** Planifica un vídeo o una presentación con escenas estructuradas en función de tus necesidades.
· **Creación de prototipos:** Cree bocetos o diseños para sitios web o productos describiendo su visión al modelo.

## Optimización de procesos

Con su capacidad analítica, un LLM bien formado puede examinar los procesos de trabajo existentes y hacer propuestas de mejora.
**Aplicación:**

· **Análisis de cuellos de botella:** cargue informes o descripciones de procesos y el modelo identificará los cuellos de botella y las posibles soluciones.
· **Optimización de los flujos de trabajo:** Deje que GPT-4o1 sugiera flujos de trabajo más eficientes u opciones de automatización.
· **Planificación de recursos:** genere escenarios sobre cómo utilizar de

forma óptima los recursos de tiempo, presupuesto y personal.

## Simulaciones y escenarios avanzados

Utiliza tu modelo para recorrer escenarios hipotéticos y tomar decisiones bien fundamentadas.

**Ejemplos:**

- **Toma de decisiones:** Haz que el modelo analice las ventajas e inconvenientes de las distintas opciones.
- **Análisis de riesgos:** simular posibles riesgos y sus efectos, por ejemplo, en proyectos o estrategias de mercado.
- **Planificación de escenarios:** Desarrollar estrategias orientadas al futuro haciendo que el modelo analice diferentes vías de desarrollo.

## Accesibilidad e inclusión

La IA puede contribuir a que los contenidos y los entornos de trabajo sean más inclusivos.

**Aplicaciones prácticas:**

- **Comunicación accesible:** genere formatos alternativos, como lenguaje simplificado, contenidos sonoros o apoyo al lenguaje de signos (mediante descripciones visuales).
- **Comprobación de la diversidad:** comprobar y mejorar el contenido para que sea inclusivo.
- **Globalización:** traducir documentos no sólo lingüísticamente, sino también culturalmente adaptados a los distintos grupos destinatarios.

## Planificación financiera y presupuestaria

El modelo puede ayudarle a analizar cuestiones financieras complejas y a crear presupuestos precisos.
**Funciones:**

- **Análisis coste-beneficio:** que los GPT calculen la rentabilidad de los proyectos o inversiones.
- **Informes presupuestarios automatizados:** consolide datos de archivos Excel y deje que el modelo cree informes presupuestarios comprensibles.
- **Previsiones:** utilice GPT para analizar tendencias y previsiones basadas en datos históricos.


Colaboración avanzada

Los LLM potentes pueden actuar como mediadores en los equipos y fomentar la colaboración.
**Ejemplos:**

- **Moderación de conflictos:** Analice los correos electrónicos o la comunicación del proyecto y deje que el modelo haga sugerencias diplomáticas para resolver el problema.
- **Dinámica de equipo:** identificar los puntos fuertes y débiles del equipo y crear planes para optimizar el uso de las habilidades individuales.
- **Proyectos de colaboración:** Deja que GPT-401 evalúe y estructure las ideas como moderador neutral.

## Estrategias y visiones a largo plazo

Apoyo en la definición de objetivos estratégicos y el desarrollo de medidas.
**Escenarios:**

- **Fijación de objetivos:** Estructure objetivos e hitos a largo plazo para su empresa.
- **Tendencias futuras:** deje que el modelo analice la posible evolución de su sector e identifique nuevas oportunidades de negocio.
- **Sostenibilidad:** Desarrolle estrategias sobre cómo su empresa puede actuar de forma más respetuosa con el medio ambiente y socialmente responsable.

## Traducción de documentos completos

Con la opción de cargar archivos, es posible transferir documentos enteros (por ejemplo, texto o tablas) para traducir todo el documento de una sola vez. Esto significa que no tienes que copiar y pegar laboriosamente partes individuales.

# Aplicaciones no convencionales del GPT-4o/o1 en la vida cotidiana de la oficina:

GPT-4o/o1 es mucho más que una herramienta de generación de texto o procesamiento de datos: es un sistema flexible y creativo que puede integrarse en el entorno de oficina de formas totalmente inesperadas. Exploremos algunas formas inusuales, sorprendentes y a menudo pasadas por alto en las que GPT-4o1 podría revolucionar su forma de trabajar.

## Mediador virtual para conversaciones difíciles

Los conflictos en equipo o con los clientes pueden ser estresantes. GPT-4o1 puede actuar como mediador neutral y hacer sugerencias diplomáticas para sortear las conversaciones difíciles.

- **Aplicación:**
- Analice correos electrónicos o registros de conflictos y deje que el modelo cree sugerencias para una respuesta empática y orientada a la solución.
- Haz que el modelo escriba una guía para una conversación aclaratoria que contenga formulaciones para temas difíciles.

## Talleres de innovación automatizados

Los LLM pueden actuar como moderadores virtuales de los talleres de innovación estructurando las sesiones de brainstorming y aportando un impulso creativo.

- **Aplicación:**
- Presente un reto y deje que el modelo formule preguntas concretas que fomenten soluciones poco convencionales.
- Utiliza los modelos para sugerir ideas "fuera de lo común", por ejemplo, simulando formas de pensar de sectores completamente distintos.

## Decisiones estratégicas

GPT-4o1 puede actuar como un asesor discreto para los directivos, analizando las decisiones y estudiando escenarios alternativos.

- Deja que el modelo evalúe una decisión presentando los posibles riesgos y oportunidades en un informe objetivo.
- Simule escenarios hipotéticos como "¿Y si tuviéramos que recortar nuestro presupuesto un 20 %?" o "¿Cómo reaccionaría un competidor agresivo?".

## Análisis emocional de los estados de ánimo del equipo

Gracias a sus funciones avanzadas de procesamiento del lenguaje, GPT-4o1 puede detectar señales sutiles en las comunicaciones de equipo y analizar estados de ánimo.

- Analice los chats o correos electrónicos internos para averiguar si el equipo está estresado, sobrecargado o satisfecho.
- Deja que el modelo haga sugerencias sobre cómo mejorar el bienestar del equipo basándose en los estados de ánimo analizados.

## Redactor de discursos automatizado

GPT-4o1 puede escribir discursos impresionantes para ocasiones importantes, como aniversarios de empresa, presentaciones internas o comparecencias públicas.

- Haz que el modelo escriba un discurso emotivo en un estilo que recuerde a personalidades famosas (por ejemplo, Martin Luther King o Steve Jobs).
- Combine hechos y anécdotas para que el discurso resulte inspirador y personal.

## Historiador digital de su empresa

GPT-4o puede buscar en los documentos y correos electrónicos de la empresa para crear una crónica de los principales acontecimientos o logros de su organización.

- Cree una presentación de la "Historia de nuestra empresa" para aniversarios o eventos internos.
- Deje que el modelo determine qué estrategias han tenido más éxito en el pasado.

## Entrenador virtual de "desaprendizaje

A menudo se aprenden cosas nuevas en la vida cotidiana de la oficina, pero rara vez se abandonan las cosas viejas. La IA puede ayudar a identificar procesos o patrones de pensamiento obsoletos y sustituirlos por enfoques más modernos.

- Deje que la IA analice qué tareas recurrentes podrían automatizarse.
- Genere sugerencias sobre cómo podrían sustituirse los procesos ineficaces por nuevas perspectivas.

## Simulación de perspectivas exteriores

Un LLM puede simular la perspectiva de clientes, competidores o incluso sectores completamente distintos para promover nuevos enfoques.

- Pregúntale a la modelo:

"¿Cómo valoraría nuestro producto una start-up tecnológica?".

O

"¿Qué críticas podría hacer un cliente insatisfecho de nuestro servicio?".

- Deje que GPT-4o1 haga sugerencias de mejora basadas en estas perspectivas.

## Adaptación cultural para equipos globales

Las diferencias culturales pueden provocar malentendidos en los equipos multinacionales. GPT-4o1 puede ayudar a adaptar culturalmente los contenidos y la comunicación.

- No se limite a traducir el contenido, sino adapte el tono y los ejemplos a las circunstancias locales.
- Simular normas culturales: "¿Cómo se percibiría esta propuesta en Japón, Estados Unidos y Francia?".

## Buscador automático de innovaciones

Gracias a su capacidad para acceder a recursos web en tiempo real, GPT-4o puede actuar como "explorador de tendencias".

- Deje que el modelo identifique tecnologías innovadoras o empresas de nueva creación en su sector.
- Pídale que analice las tendencias futuras basándose en la evolución actual.

## Taller de ideas

GPT-401 puede utilizarse como herramienta lúdica para los bloqueos de creatividad presentando las ideas en formatos inusuales.
"Escribe cinco sugerencias creativas para nuestra campaña de marketing, pero preséntalas en forma de poema".

"Describe nuestro nuevo producto desde la perspectiva de un niño curioso".

## Control de seguridad y conformidad

La IA generativa puede comprobar documentos o procesos para detectar riesgos de seguridad y cumplimiento sin necesidad de herramientas especializadas.

- Compruebe si existen lagunas jurídicas o posibles puntos débiles.
- Garantizar que las directrices internas de protección de datos cumplen la normativa aplicable.

## Revisión virtual del día

Al final de la jornada laboral, GPT-401 puede actuar como asistente de reflexión personal.
"Resuma las tareas más importantes realizadas hoy".

"¿Qué tareas pendientes podrían priorizarse mañana?".

## Visionario automatizado

Utiliza tu LLM para crear escenarios de evolución futura que vayan mucho más allá de los negocios cotidianos.

"¿Cómo podría ser nuestra empresa dentro de 10 años si dependiéramos totalmente de la IA?".

"¿Qué innovaciones radicales podrían cambiar de forma disruptiva nuestro sector?"

## Orientador profesional personal

Un modelo lingüístico también puede ayudar a planificar la carrera individual estructurando los objetivos a largo plazo y sugiriendo medidas realistas.

*Crea un plan de carrera basado en tus puntos fuertes, tus puntos débiles y tus intereses.*

· Simular entrevistas de trabajo para prepararse para preguntas difíciles

# Más allá de lo obvio: funciones de IA menos conocidas que facilitan la vida

La inteligencia artificial está revolucionando la forma en que interactuamos con la tecnología, pero su potencial sigue siendo en gran medida inexplorado por muchos. Los modernos modelos lingüísticos a gran escala (LLM), como ChatGPT-4, PaLM 2 y Claude, ofrecen capacidades asombrosas que van mucho más allá de redactar correos electrónicos o responder preguntas. En este capítulo, descubrimos aplicaciones inesperadas pero muy prácticas de estos sistemas de IA que pueden redefinir las tareas cotidianas de forma innovadora.

## 1. dar forma al futuro: *Creación de archivos STL para impresión 3D*

Imagine describir un objeto sencillo -como un llavero con sus iniciales o un portabolígrafos minimalista- y recibir un modelo 3D listo para imprimir. Con la IA, esto ya es una realidad. Se pueden utilizar indicaciones detalladas para generar archivos STL para impresoras 3D, incluso sin conocimientos de CAD.

"Diseña un soporte compacto para móvil que pueda albergar tanto un smartphone como un lápiz óptico. Crea un archivo .gcode listo para imprimir".

**Posibles aplicaciones**:

- ChatGPT-4 (también en combinación con herramientas como Blender o Fusion 360) crea diseños detallados o archivos fácilmente imprimibles.
- **Claude** es excelente creando las bases conceptuales de tales diseños.

## 2. flujos de trabajo optimizados: Creación automatizada de documentos

Crear informes, CV o cartas personalizadas puede resultar tedioso. AI automatiza este proceso y crea documentos de Word con formato profesional en solo unos segundos.

"Crea una plantilla para un informe de proyecto con secciones para los objetivos, la metodología, los resultados y las recomendaciones. Guarde el documento como archivo de Word".

**Posibles aplicaciones:**

- **ChatGPT-4** ofrece la posibilidad de crear archivos DOCX descargables
- **Claude** puntúa con contenidos estructurados, pero puede requerir herramientas adicionales de gestión de archivos.

## 3. descripción y análisis de imágenes

Los LLM modernos pueden analizar imágenes, crear descripciones detalladas e incluso sugerir pies de foto creativos. Esta función es ideal para la accesibilidad, la fotografía de archivo o el marketing.

**Ejemplo práctico:**

"Describe la escena de esta foto y sugiere un pie de foto poético para las redes sociales".

**Posibles aplicaciones:**

- **GPT-4 La visión** analiza con precisión los objetos y su contexto.
- **DALL-E 3** ofrece interpretaciones artísticas perfectas para proyectos creativos.

## 4. *resolver problemas complejos: Depuración interactiva*

Depurar código puede ser tedioso. Con la IA, este proceso se convierte en una experiencia colaborativa en la que se diagnostican errores, se sugieren soluciones y se mejora la eficiencia del código.

"Aquí hay un script Python con un KeyError. Corrige el error y añade gestión de errores para evitar futuros cuelgues".

**Posibles aplicaciones:**

· **ChatGPT-4 Code Interpreter** proporciona instrucciones claras y soluciones realizables.
· **GitHub Copilot** ofrece asistencia práctica directamente en entornos de desarrollo.

## 5. *escribir scripts de web scraping*

Si necesita información específica de un sitio web, AI puede crear secuencias de comandos Python personalizadas que extraigan los datos de forma eficaz respetando las normas éticas.

**Ejemplo práctico:**

"Escribe un script que extraiga los títulos de los puestos y los nombres de las empresas de un portal de empleo y los guarde como un archivo CSV".

**Posibles aplicaciones:**

· **ChatGPT-4** y **LLaMA 2** utilizan bibliotecas como BeautifulSoup o Scrapy para permitir una extracción precisa de los datos.

## 6. *optimizar las interacciones: Análisis y perfeccionamiento inmediatos*

La clave de una interacción eficaz con la IA reside a menudo en la perfecta formulación de las instrucciones. La IA puede analizar y optimizar las instrucciones para que los resultados sean más claros y específicos.

"¿Cómo puedo mejorar esta indicación: 'Explica los fundamentos de la mecánica cuántica a un niño de diez años'?".

**Posibles aplicaciones:**

- **ChatGPT-4** y **Claude** ofrecen ideas sobre cómo los prompts pueden ganar en claridad y especificidad.

## 7. *crear presentaciones*

Crear presentaciones suele llevar mucho tiempo, pero la IA acelera el proceso creando contenido estructurado para las diapositivas, incluidos títulos, viñetas y sugerencias de elementos visuales.

"Elabore un esquema en PowerPoint para 'El futuro de las energías renovables' con 10 diapositivas, cada una de las cuales cubra un tema clave".

**Posibles aplicaciones:**

- **ChatGPT-4** proporciona contenido detallado para cada diapositiva.
- **Claude** garantiza una estructura lógica y un flujo natural.

## 8 Planificación automatizada del tiempo de trabajo

La IA puede planificar eficazmente su tiempo de trabajo estableciendo prioridades y optimizando los plazos.

"Planificar mi semana en función de estas tareas y plazos, y priorizar los proyectos urgentes".

**Posibles aplicaciones:**

· GPT-401 se integra perfectamente en las aplicaciones de calendario, crea horarios y sugiere optimizaciones.

## 9. simulación de escenarios y decisiones

Utilice la IA para analizar escenarios hipotéticos y tomar decisiones con conocimiento de causa.

"¿Cuáles serían las consecuencias si recortáramos un 20% nuestro presupuesto de marketing?".

**Posibles aplicaciones:**

· Los LLM analizan riesgos y oportunidades y ofrecen estrategias alternativas.

## 10. adaptación lingüística y cultural

La IA puede adaptar textos a distintas culturas e idiomas sin distorsionar el contenido.

"Traduzca la descripción de este producto al español y adáptela al mercado latinoamericano".

## *Conclusión: Descubra posibilidades ilimitadas*

Estas capacidades menos conocidas de LLM como ChatGPT-4, Claude o PaLM 2 abren nuevas perspectivas para el uso de la IA. Si vas más allá de lo obvio, podrás realizar tareas de forma más eficiente, desarrollar soluciones creativas y transformar tu trabajo y tu vida privada. El futuro empieza aquí: con las posibilidades casi ilimitadas de la IA moderna.

# Los grandes modelos lingüísticos de un vistazo

*Modelos multimodales: texto, imagen y audio combinados*

**GPT-4o de OpenAI:**

Este modelo combina el procesamiento de texto, imagen y audio en una potente plataforma. Ofrece un pensamiento lógico avanzado y es compatible con varios idiomas. Especialmente indicado para empresas que requieren multimodalidad en la interacción con el cliente o en proyectos creativos.

**GPT-03 de OpenAI**

Un modelo de vanguardia que puede combinar el razonamiento (auto-CoT) y la búsqueda en la web. El rendimiento del modelo en los ámbitos de la programación, la lógica y el conocimiento factual es comparable al de la versión premium de o1. Actualmente (desde el 2 de febrero de 2025), una versión reducida de o3 (o3-mini) está disponible como parte de la versión gratuita en chat.openai.com. Si utilizas OpenAI, entonces o3(-mini) es actualmente el modelo más potente disponible gratuitamente (junto a Deepseek R1).

**Gemini 1.5 Pro de Google DeepMind:**

Con un excelente rendimiento en el procesamiento de texto e imágenes, Gemini 1.5 Pro ofrece aplicaciones versátiles en entornos con gran cantidad de datos, desde la investigación hasta las campañas de marketing.

**Nova de Amazon:**

La serie Nova, integrada en AWS, incluye herramientas especializadas como Nova Canvas para la generación de imágenes y Nova Reel para la generación de vídeos. Ideal para diseños visuales de productos y estrategias creativas.

## Modelos de código abierto: flexibilidad y personalización

**Llama 3 de Meta AI:**

Un modelo de código abierto que ha sido entrenado en un amplio conjunto de datos. Perfecto para desarrolladores que buscan una solución personalizable.

**DBRX de Databricks:**

Optimizado para la comprensión de idiomas, la programación y las matemáticas. Este modelo es ideal para equipos técnicos y cálculos complejos.

**Mistral 7B de Mistral AI:**

Un modelo compacto pero potente, ideal para entornos con recursos limitados o edge computing.

## Modelos multilingües

**Orion-14B de OrionStar AI:**

Un modelo multilingüe que ofrece el máximo rendimiento en todo el mundo. Ideal para organizaciones internacionales que necesitan contenidos en varios idiomas.

**MaLA-500 de Glot500:**

Diseñado para cubrir 534 lenguas, este modelo llena el vacío de las lenguas con pocos recursos. Especialmente útil para ONG u organizaciones internacionales.

## Modelos especializados para necesidades especiales

**Claude 3,5 de Anthropic:**
Un modelo centrado en la seguridad y la fiabilidad que procesa hasta 200.000 tokens. Ideal para sectores regulados como el financiero o el sanitario.

**Phi-2 de Cohere:**
Centrado en la coherencia y la relevancia, este modelo es ideal para el marketing de contenidos, la redacción académica o la generación de textos de alta calidad.

**VALL-E**
Un modelo neuronal para la síntesis de texto a voz a nivel humano. Perfecto para producciones de voz en off y audio.

## Modelos de futuro

**FunAudioLLM:**
Este modelo mejora la interacción entre el hombre y la máquina en el sector del audio. Especialmente indicado para asistentes inteligentes y aplicaciones de audio interactivas.

**SpeechVerse:**
Un modelo lingüístico de audio generalizable para el reconocimiento y la traducción del habla, perfecto para la comunicación internacional.

**LLaST:**

Un sistema integral de traducción de idiomas que proporciona traducciones en tiempo real con gran precisión.

**Deepseek R1:**

Un potente modelo chino que tiene una ventaja significativa sobre los demás: Es especialmente eficiente de entrenar y se basa exclusivamente en el aprendizaje por refuerzo, en el que no se utilizan conjuntos de datos de entrenamiento etiquetados, sino que sólo se da retroalimentación sobre la salida generada. Este modelo es actualmente el primero que combina el "razonamiento" (Auto-CoT) y las búsquedas en Internet.

# Modelos texto-imagen para la generación de imágenes

Los modelos texto-imagen representan una fascinante interfaz entre el procesamiento del lenguaje natural (PLN) y la visión por ordenador. Estas herramientas de inteligencia artificial están diseñadas para crear imágenes a partir de descripciones. Permiten a los usuarios crear visualizaciones que van desde representaciones fotorrealistas a estilos específicos como el arte surrealista y abstracto. El principio fundamental de estos modelos es su capacidad para interpretar textos como instrucciones para crear imágenes. Utilizan algoritmos complejos que han sido entrenados en enormes conjuntos de datos de imágenes y texto asociado (normalmente descripciones).

Estos modelos funcionan con una combinación de técnicas avanzadas, como las arquitecturas de transformadores (Transformers) y las redes generativas adversariales (GAN), que les permiten producir resultados coherentes y visualmente atractivos. A medida que procesan el texto, los modelos reconocen patrones, bordes, pistas contextuales y correlaciones visuales a partir de sus datos de entrenamiento. Esta funcionalidad avanzada les permite interpretar matices sutiles del lenguaje y convertirlos en elementos visuales detallados.

Modelos tan populares como DALL-E, Stable Diffusion, Flux y MidJourney han generalizado esta tecnología y la han hecho accesible a un amplio público. Estas herramientas no se limitan a producir visualizaciones genéricas, sino que permiten a los usuarios especificar detalles, estilos y ambientes complejos, lo que las hace versátiles. Además, la posibilidad de integrar estos modelos con otras herramientas, como programas de edición de imágenes o interfaces de programación, amplía enormemente su potencial. Al comprender la funcionalidad y las capacidades de estos modelos, los usuarios pueden aprovechar su potencial para desbloquear posibilidades creativas totalmente nuevas. A medida que continúe su desarrollo, es probable que los modelos texto-imagen redefinan desde cero los futuros flujos de trabajo artísticos y visuales. El campo de la creatividad ha experimentado una importante transformación en los últimos años con la aparición de herramientas basadas en IA. Entre ellas, los modelos de texto a imagen han demostrado ser revolucionarios , ya que permiten a los usuarios crear visualizaciones detalladas e imaginativas únicamente mediante la descripción. Estas herramientas no sólo han abierto nuevas posibilidades a artistas y diseñadores, sino que también han proporcionado a educadores, investigadores y creadores de contenidos enfoques innovadores de la narración visual

Aunque los modelos texto-imagen son extremadamente potentes, su eficacia depende -quién lo hubiera dicho- en gran medida de la calidad de las instrucciones que se proporcionen. Como probablemente ya sepa, la ingeniería de indicaciones es el arte de formular instrucciones claras, precisas y ricas en contexto para guiar al modelo en la generación del resultado deseado. Una instrucción bien elaborada puede marcar la diferencia entre un resultado mediocre y una creación visual impresionante.

El proceso implica algo más que describir lo que se quiere ver. Requiere comprender cómo interpreta el modelo el lenguaje, incluir palabras clave y descripciones pertinentes y atreverse a probar y errar para afinar los resultados. Por ejemplo, especificar un estilo artístico (por ejemplo, "impresionista") o un estado de ánimo concreto (por ejemplo, "tranquilo y pacífico") puede cambiar drásticamente el resultado. Además, la combinación de varios elementos en un mismo texto, como "un paisaje urbano futurista al atardecer con una atmósfera surrealista", puede producir resultados visualmente atractivos y con múltiples capas.

Otro aspecto importante de la ingeniería de prompts es la adaptabilidad y complejidad del modelo subyacente. Diferentes modelos pueden interpretar la misma indicación de forma distinta, en función de sus datos de entrenamiento y su arquitectura. Comprender estas diferencias permite a los usuarios optimizar las instrucciones para modelos específicos y maximizar la calidad de los resultados. La ingeniería de instrucciones no es un proceso estático, sino que requiere experimentación y aprendizaje a partir de una retroalimentación iterativa para maximizar la calidad del resultado.

## Aplicaciones en la generación de imágenes

Los modelos texto-imagen han encontrado aplicación en diversos ámbitos:

- **Arte y diseño**: los artistas y diseñadores utilizan estos modelos para desarrollar conceptos, explorar estilos y crear visualizaciones únicas para proyectos. También sirven como herramientas para el brainstorming y la ideación rápida, reduciendo el esfuerzo que suponen los flujos de trabajo tradicionales.
- **Educación y ciencia**: los educadores utilizan estas herramientas para crear visualizaciones personalizadas para materiales didácticos que hacen más accesibles y atractivos los temas complejos. Los profesores de ciencias, por ejemplo, pueden generar detallados diagramas o ilustraciones en adaptados a sus planes de clase.
- **Marketing y publicidad**: los profesionales del marketing utilizan modelos de texto a imagen para crear gráficos llamativos y anuncios adaptados a campañas específicas. La capacidad de personalización rápida facilita los procesos creativos tanto para medios digitales como impresos.
- **Entretenimiento**: en la industria del cine y los videojuegos, estos modelos se utilizan para crear arte conceptual, guiones gráficos y otros recursos creativos. También pueden utilizarse para experimentar con temas visuales y estéticas alternativas durante la preproducción.
- **Creación de contenidos**: los escritores y creadores de contenidos utilizan estas herramientas para enriquecer su trabajo con elementos visuales que mejoran la narración y la participación de la audiencia. Esto es especialmente útil para blogs, libros electrónicos y publicaciones en redes sociales, donde el contenido visual desempeña un papel crucial.

- **Creación de prototipos**: los profesionales de diversos sectores utilizan estos modelos para probar ideas y visualizar conceptos rápidamente. Arquitectos y urbanistas , por ejemplo, pueden crear representaciones realistas de estructuras o trazados propuestos.
- **Uso terapéutico y personal**: Más allá de las aplicaciones profesionales, los particulares utilizan estos modelos con fines terapéuticos, como explorar su creatividad personal o visualizar objetivos personales.

## Breve repaso

El desarrollo de la IA generativa se caracteriza por décadas de avances en los campos de la inteligencia artificial y el aprendizaje automático. Las primeras obras de arte asistidas por ordenador se crearon ya en la década de 1960, cuando pioneros como Michael Noll y Frieder Nake generaron visualizaciones abstractas mediante algoritmos matemáticos. Estas primeras obras sentaron las bases de la fusión del arte y la informática.

La integración del procesamiento del lenguaje natural (PLN) en la generación de imágenes comenzó en la década de 2000. Los investigadores desarrollaron los primeros sistemas capaces de convertir descripciones de texto en representaciones visuales. Aunque estos prototipos ofrecían resultados sencillos, sentaron las bases para la combinación decisiva de la lingüística y la informática visual. Este avance allanó el camino para los sofisticados sistemas actuales de conversión de texto en imágenes.

## Funcionalidad

Los modelos de conversión de texto a imagen convierten descripciones textuales en representaciones visuales mediante técnicas avanzadas de aprendizaje automático. Estos sistemas se basan en redes neuronales profundas que se han entrenado con amplios conjuntos de datos que vinculan textos con imágenes coincidentes. El proceso consta de los siguientes pasos:

**Procesamiento de textos**: el texto de entrada se analiza mediante técnicas de procesamiento del lenguaje natural (PLN) y se descompone en pequeñas unidades de significado (tokens). Los modelos interpretan el contenido y el contexto del texto. Los modelos modernos utilizan arquitecturas de transformación para comprender mejor los matices del lenguaje.

**Reconocimiento de características**: el texto procesado se traduce (mapea) a un espacio vectorial de alta dimensión en el que pueden establecerse relaciones semánticas. El aprendizaje multimodal combina el contenido lingüístico con representaciones visuales y crea la base para el siguiente paso: la generación de imágenes.

**Generación de imágenes**: a partir de los datos textuales, el modelo genera imágenes utilizando métodos como las redes generativas adversariales (GAN) o los modelos de difusión. Estos últimos se caracterizan por su capacidad de crear imágenes de alta calidad paso a paso (iterativamente).

**Refinamiento**: Tras la generación de la imagen, se llevan a cabo pasos de postprocesamiento como la nitidez, la corrección del color y la reducción de ruido para optimizar la calidad de la imagen. Sistemas avanzados como MidJourney v6.1 integran incluso preferencias de estilo personales, que pueden personalizarse con un clic del ratón.

**Optimización interactiva**: los usuarios pueden utilizar la retroalimentación iterativa para seguir adaptando el texto y perfeccionar el resultado. Este proceso dinámico fomenta el control creativo y permite comparar distintas interpretaciones de una visión.

Gracias a amplios conjuntos de datos de entrenamiento y a una gran potencia de cálculo, estos modelos ofrecen posibilidades impresionantes, pero requieren una cierta comprensión de su funcionamiento para lograr resultados óptimos.

# Modelos populares

**DALL-E**: Desarrollado por OpenAI, este modelo es conocido por sus imágenes surrealistas y detalladas y su capacidad para realizar conceptos abstractos. Es especialmente adecuado para el arte experimental y las visualizaciones creativas.

*"Un concept de igualdad" (DALL-E 3)*

**Difusión estable (Stable Diffusion)**: modelo de código abierto caracterizado por una gran calidad de imagen y numerosas opciones. Su flexibilidad lo hace popular entre desarrolladores e investigadores, sobre todo gracias a la integración de herramientas externas como las redes de control.

*"Un concepto de igualdad" (SD 2x)*

**MidJourney**: Este modelo está especializado en imágenes artísticas y muy estilizadas, y es apreciado por artistas y diseñadores por sus resultados creativos y expresivos. El fuerte enfoque comunitario fomenta el intercambio creativo.

"Una vibrante puesta de sol sobre un océano en calma con un velero solitario en el horizonte, de estilo impresionista" (MDJ 6.1)

**Flux**: Flux, un actor bastante nuevo en este campo, combina funciones avanzadas de PNL con una moderna síntesis visual. Muestra un potencial especial para aplicaciones especializadas, ya que procesa con precisión indicaciones únicas u orientadas a nichos específicos. Se espera que Flux gane una enorme popularidad, especialmente en el segmento del fotorrealismo. La gran baza de Flux (aparte de su realismo) reside en su capacidad para integrar texto en imágenes de forma significativa.

"*Perro pastor alemán sosteniendo un cartel con las palabras 'No se admiten gatos'*"

# Tipos de indicaciones

Las indicaciones de texto a imagen pueden ser muy complejas:

**Entradas sencillas**: descripciones breves y sin complicaciones, como "un bosque al amanecer". Este tipo de entradas son fáciles de procesar para el modelo, pero pueden conducir a resultados genéricos o menos detallados.

**Indicaciones detalladas**: descripciones detalladas que incluyen elementos, colores, estilos o estados de ánimo específicos, por ejemplo, "un bosque místico al amanecer, con luz dorada brillando a través de árboles centenarios, estilo realismo fantástico". Este tipo de indicación ofrece un mayor control creativo y suele dar lugar a resultados más ricos.

**Instrucciones con varios niveles**: instrucciones complejas que combinan varias ideas, como "un paisaje urbano futurista con coches voladores rodeados de montañas al atardecer, inspirado en la estética ciberpunk". Este tipo de instrucciones desafían al modelo a integrar conceptos y detalles complejos y a demostrar su capacidad de interpretación.

Las instrucciones eficaces equilibran precisión y creatividad. Un aviso bien diseñado anima al modelo a producir resultados que no sólo son exactamente como se especifica, sino que también son visualmente atractivos.

## Componentes de un aviso eficaz

Una instrucción eficaz requiere comprender los elementos que influyen en la forma en que el modelo interpreta y pone en práctica la instrucción. Entre los componentes importantes se incluyen:

**Tema**: Defina claramente lo que se supone que representa la imagen. El sujeto es el foco central del estímulo, por ejemplo "un gato", "una montaña" o "una ciudad ajetreada". Sin un sujeto claramente definido, el modelo podría producir resultados ambiguos.

**Modificadores**: Utiliza adjetivos y adverbios para añadir más detalles al tema, por ejemplo, "un gato peludo", "una montaña imponente" o "una ciudad animada y moderna". Estas descripciones perfeccionan la imagen con

154

detalles característicos.

**Estilo y medio**: Especifique el estilo artístico o el medio para guiar las elecciones estéticas del modelo. Por ejemplo, "al estilo de Van Gogh", "como una acuarela" o "en representación fotorrealista 3D". Este aspecto es crucial para adaptar el resultado a objetivos creativos o temáticos.

**Contexto y entorno**: Añade información sobre el entorno o la escena para integrar el tema, por ejemplo, "un gato sentado frente a una chimenea en un acogedor salón". Los detalles contextuales crean una narrativa y enriquecen la composición visual.

**Estado de ánimo y atmósfera**: Especifica la tonalidad o el estado de ánimo deseado para la imagen, como "apacible", "misterioso" o "dramático". El estado de ánimo influye en elementos como la iluminación, la paleta de colores y la composición, y realza el impacto emocional de la imagen.

**Acciones (si procede)**: Describe lo que ocurre en la escena, como "un pájaro planeando por un cielo nublado" o "una persona leyendo bajo un árbol". Las acciones añaden dinamismo y potencial narrativo.

**Palabras y frases clave**: Incorpore términos específicos para aumentar la precisión, como "hiperrealista", "colores vibrantes" o "composición minimalista". Las palabras clave sirven de anclaje para alcanzar los objetivos creativos con mayor precisión.

**Evite la ambigüedad**: asegúrese de que la pregunta no sea ambigua. Por ejemplo, en lugar de "un edificio alto", puede utilizar "un imponente rascacielos con fachada de cristal". La claridad reduce la probabilidad de resultados inesperados o irrelevantes.

La combinación bien estudiada de estos elementos proporciona al modelo información suficiente para crear una imagen coherente y de alta calidad. Dominar estos componentes transforma un simple mando en una poderosa herramienta creativa.

# Vocabulario y estilo

Cada modelo texto-imagen tiene su propio "vocabulario", que se caracteriza por los datos de entrenamiento. Este vocabulario influye en la forma en que el modelo interpreta las palabras, frases y estilos de una indicación. Por ejemplo, algunos modelos son especialmente buenos para entender estilos artísticos (como "cubismo" o "barroco") o descripciones técnicas (como "iluminación HDR" o "efecto bokeh"). Entender cómo interpreta un modelo unos términos concretos puede mejorar notablemente la calidad y precisión de los resultados. Muchos modelos pueden incluso convertir perspectivas de cámara, como "retrato" o "gran angular", "dolly shot" o incluso "follow shot".

Comprender el vocabulario del modelo incluye:

**Experimenta**: Pruebe diferentes indicaciones para observar cómo reacciona el modelo ante determinados términos o descripciones. La experimentación iterativa muestra qué palabras consiguen mejor los efectos deseados.

**Materiales de referencia**: utilice documentación o recursos creados por la comunidad para conocer los términos y estilos que el modelo puede aplicar bien. Muchas comunidades en línea comparten ejemplos y mejores prácticas para las indicaciones.

**Perfeccionamiento iterativo**: ajuste las instrucciones en función de los resultados para que se ajusten mejor a los resultados deseados . Pequeños cambios en el vocabulario o la redacción pueden dar lugar a mejoras significativas.

El estilo también desempeña un papel crucial en el diseño de las indicaciones. Algunos modelos se adaptan mejor a determinadas estéticas, como el fotorrealismo, el arte fantástico o el diseño abstracto. Los usuarios pueden aprovechar esta ventaja especificando explícitamente el estilo deseado en la solicitud. Por ejemplo, "al estilo de Studio Ghibli" proporciona un resultado diferente que "en resolución hiperrealista 4K".

# Especificidad frente a generalidad

Una de las decisiones más importantes a la hora de crear prompts es la elección entre especificidad y generalidad. El equilibrio adecuado depende del resultado deseado, las capacidades del modelo y la intención del usuario.

**Ventajas de las indicaciones específicas:**

**Precisión y claridad:** las indicaciones detalladas minimizan la ambigüedad y conducen a resultados que coinciden exactamente con la visión del usuario. Ejemplo: "Un gato negro de ojos verdes sobre un cojín de terciopelo rojo en una habitación victoriana".

**Estilo coherente:** la información sobre el estilo artístico, la iluminación y la combinación de colores garantiza la coherencia estética.

**Resultados personalizados:** Ideal para proyectos profesionales o especializados, por ejemplo de marca o diseño.

**Ventajas de las indicaciones generales:**

**Libertad creativa:** instrucciones amplias como "un paisaje tranquilo" permiten al modelo una interpretación libre, a menudo con resultados sorprendentes.

**Generación de ideas:** Adecuado si el usuario aún no tiene una idea clara.

**Iteraciones rápidas:** Menos restricciones facilitan la creación rápida de conceptos.

Una indicación bien equilibrada combina detalles claros con margen para la interpretación, por ejemplo, "un tranquilo lago de montaña al amanecer".

Dirección estilística: estilos artísticos, estados de ánimo y técnicas

La integración de estilos artísticos, estados de ánimo y técnicas en una propuesta confiere al resultado una clara identidad visual.

**Estilos clásicos:** términos como "impresionismo" o "retrato renacentista" conducen a resultados del estilo histórico correspondiente.

**Estilos modernos:** Términos como "arte digital" o "surrealismo" crean una estética contemporánea.

**Estilos híbridos:** combinaciones como "barroco con elementos ciberpunk" ofrecen resultados únicos.

**Estado de ánimo y atmósfera:**

Las palabras de estado de ánimo influyen en el efecto emocional, por ejemplo, "una apacible escena en el bosque con la suave luz de la mañana" o "un sombrío castillo bajo un cielo tormentoso".

**Técnicas:**

Términos como "contraluz" o "pintura al óleo" controlan la iluminación, la composición y el soporte.

**Orientación al grupo destinatario:** la eficacia de un estímulo depende de su adecuación al grupo destinatario:

**Uso profesional:** Las indicaciones deben ser precisas y ajustarse a la marca, por ejemplo: "Un logotipo minimalista de un esbelto zorro en blanco y negro".

**Uso creativo:** las indicaciones exploratorias e imaginativas son adecuadas para artistas y diseñadores, por ejemplo: "Un paisaje onírico surrealista con islas flotantes".

**Uso lúdico:** Sugerencias divertidas y espontáneas, por ejemplo: "Un dibujo animado de un gato como pirata".

## Uso eficaz de las palabras clave

Las palabras clave son la base de un texto bien estructurado. Proporcionan especificaciones, pero dejan margen para la interpretación creativa.

**Elementos visuales:** Descripciones de objetos y escenas (por ejemplo, "montaña", "coche antiguo").

**Términos estilísticos:** estilos y técnicas artísticas (por ejemplo, "acuarela", "steampunk").

**Estado de ánimo:** tonos emocionales o temáticos (por ejemplo, "tranquilo", "místico").

**Combinación de palabras clave:** el orden y la estratificación influyen en la interpretación, por ejemplo: "Un retrato realista de una mujer joven con cabellos dorados, de estilo renacentista, sobre un fondo de color pastel". Las combinaciones estratégicas favorecen la precisión y la creatividad a partes iguales.

# Redes de control: control preciso

Las redes de control amplían la funcionalidad de los modelos texto-imagen como Stable Diffusion mediante la integración de entradas adicionales (por ejemplo, bocetos, mapas de profundidad o poses). Estas entradas sirven de guía para adaptar con precisión la estructura y los detalles a los requisitos del usuario sin restringir la flexibilidad creativa del modelo.

## ¿Cómo funcionan las redes de control?

*Las redes de control procesan las entradas condicionales por separado y extraen información clave como:*

**Detección de bordes:** contornos a partir de bocetos o dibujos.

**Mapas de profundidad:** información espacial para perspectivas coherentes.

**Estimaciones de poses:** Posiciones exactas del cuerpo o de los objetos.

**Segmentación:** Identificación de zonas por colores y texturas.

Esta información se combina con las redes neuronales del modelo e influye en la generación de imágenes sin restringir la capacidad de interpretación creativa del modelo.

## ¿Por qué son importantes las redes de control?

**Precisión estructural:** corrigen incoherencias y mejoran la coherencia de requisitos complejos.

**Libertad creativa:** el modelo puede concentrarse más en el estilo, la luz y las texturas.

**Aplicaciones profesionales:** Ideal para arquitectura, storyboard o diseño de productos.

**Ventajas de las redes de control**

**Mayor control:** los usuarios pueden especificar estructuras concretas.

**Versatilidad:** adaptación a distintos tipos de entradas, desde dibujos sencillos a mapas complejos.

**Eficacia:** reduce los cambios iterativos mediante especificaciones claras.

**Colaboración creativa:** fusión de la creatividad humana y la generación de IA.

**Posibles aplicaciones**

**Escenas complejas:** Crea imágenes detalladas con múltiples objetos.

**Coherencia:** Garantizar elementos idénticos en animaciones o imágenes en serie.

**Personalización:** Perfeccionamiento o modificación de imágenes existentes.

**Contenido especializado:** Combinación de aportaciones para obtener resultados precisos e innovadores.

Las redes de control revolucionan la generación de texto a imagen gracias a su precisión y flexibilidad y promueven una colaboración sin fisuras entre los seres humanos y la IA. Ofrecen a los usuarios nuevas oportunidades para hacer realidad visiones creativas y ejecutar proyectos innovadores.

# LoRA (Adaptación de bajo rango): Ajuste fino

LoRA (Low-Rank Adaptation) es un método innovador para afinar modelos de conversión de texto en imágenes a gran escala. Esta técnica permite adaptar modelos preentrenados a conjuntos de datos o tareas específicas sin perder sus capacidades generales. La principal ventaja de LoRA radica en su eficacia: el ajuste fino no requiere ni el proceso completo de reentrenamiento ni grandes recursos informáticos.

LoRA integra las denominadas matrices de bajo rango en la arquitectura de un modelo preentrenado. Estas matrices actúan como adaptadores que adaptan el comportamiento del modelo a nuevos datos o requisitos. A diferencia de los métodos tradicionales de ajuste fino, en los que se actualizan todos los parámetros del modelo, LoRA se centra en una pequeña gama de parámetros, lo que hace que el proceso sea mucho más eficiente.

## *Aplicaciones de LoRA*

LoRA permite a los usuarios enseñar a un modelo nuevos conceptos, como:

**Estilos artísticos:** Adaptación a movimientos o técnicas artísticas específicas.

**Diseños de personajes:** cree personajes únicos para animación o juegos.

**Patrones visuales:** aprender determinadas texturas o motivos.

Gracias a LoRA, los conocimientos del modelo permanecen intactos, de modo que puede realizar tanto tareas generales como especializadas. Esta adaptabilidad es especialmente beneficiosa para los creativos que necesitan resultados especializados sin comprometer la versatilidad del modelo base.

# Consideraciones éticas y prácticas

**Evitar gastos sesgados o perjudiciales**

Los modelos de conversión de texto en imagen ofrecen enormes oportunidades de creatividad e innovación, pero también plantean retos éticos. Uno de ellos es la posibilidad de crear contenidos sesgados o perjudiciales. Estos sesgos pueden proceder de los datos de formación o de la forma en que los usuarios formulan las preguntas. Se necesitan enfoques meditados para promover un uso responsable y ético.

**Origen de las distorsiones:**

- **Sesgos basados en los datos:** Los datos de formación suelen reflejar sesgos del mundo real. Esto puede dar lugar a representaciones estereotipadas o desequilibradas, por ejemplo, en términos de género, etnia u ocupación.
- **Diseño de las instrucciones:** las instrucciones poco claras o sesgadas también pueden distorsionar los resultados.

*Estrategias para evitar distorsiones:*

**Lenguaje neutro:** utilice un lenguaje claro y neutro que evite los estereotipos, por ejemplo, "una persona que dirige un equipo" en lugar de "un líder fuerte".

**Inclusividad: Incluir** diversas perspectivas, por ejemplo, "un cuidador independientemente de su sexo".

**Ayudas técnicas:** Utilice filtros y herramientas de moderación para excluir los contenidos nocivos.

**Compruebe los resultados:** Compruebe si las imágenes generadas tienen contenido problemático y afine las indicaciones en consecuencia.

**Consideración de los derechos de autor y la propiedad intelectual**

El cumplimiento de los derechos de autor es una cuestión clave cuando se utilizan contenidos generados por IA. Los modelos texto-imagen se basan a menudo en datos de entrenamiento que pueden contener material protegido por derechos de autor. Por tanto, los usuarios deben asegurarse de no infringir ningún derecho.

## Aspectos clave de los derechos de autor en la IA:

- **Datos de entrenamiento:** Muchos modelos utilizan conjuntos de datos que contienen contenidos protegidos. El uso legal de estos datos, sobre todo con fines comerciales, sigue siendo controvertido.
- **Contenido generado:** Las imágenes generadas por IA pueden contener elementos que recuerden fuertemente a obras protegidas.

# Estrategias para la protección de los derechos de autor:

- **Sugerencias únicas:** evite imitar obras conocidas o estilos concretos.
- **Comprobación de la salida:** compruebe cuidadosamente los resultados para asegurarse de que no se reproduce ningún elemento protegido.

## Responsabilidad y transparencia

Tanto los desarrolladores como los usuarios tienen una responsabilidad compartida en el uso ético de los modelos texto-imagen. Esto incluye:

**Información:** Los usuarios deben informarse sobre la funcionalidad y las limitaciones de los modelos.

**Revisiones periódicas:** Los desarrolladores deben analizar los conjuntos de datos de entrenamiento y el rendimiento del modelo para detectar sesgos.

**Transparencia:** los modelos con fuentes y funciones de formación reveladas promueven un uso consciente.

Mediante planteamientos deliberados, los modelos texto-imagen pueden utilizarse de forma responsable para fomentar los procesos creativos y apoyar la representación inclusiva.

# Conclusión

El viaje por el mundo del modelado de texto a imagen revela un paisaje transformador en el que la creatividad se une a la tecnología punta. Estas herramientas están revolucionando la forma de visualizar y dar vida a las ideas. Desde la mecánica básica de estos modelos hasta las técnicas avanzadas, las consideraciones éticas y las diversas aplicaciones, esta guía demuestra su potencial para remodelar los flujos de trabajo creativos. No solo amplían los límites de la expresión artística, sino que también abren nuevas posibilidades en sectores como la educación, el marketing o los diseños inmersivos de RV y RA. La integración de la IA y la creatividad humana crea un puente entre la innovación técnica y la visión artística, permitiendo una innovación y accesibilidad sin precedentes.

## Revisión de los resultados más importantes

- **El poder de la ingeniería de prompts**: los prompts precisos y bien pensados son la clave del éxito de la generación de texto a imagen. Desde la simple introducción de texto hasta las indicaciones multimodales que incorporan bocetos e imágenes de referencia, la capacidad de comunicarse eficazmente con la IA es crucial para obtener resultados de alta calidad.
- **Avances tecnológicos:** la colaboración en tiempo real, los prompts adaptables y las capacidades multimodales están transformando los flujos de trabajo creativos y permitiendo resultados personalizados e interactivos.

- **Responsabilidad ética:** abordar los prejuicios, promover la inclusión y respetar las normas éticas es esencial para generar confianza y garantizar la equidad en los contenidos generados por IA.

- **Nuevas áreas de aplicación:** Desde resultados hiperrealistas hasta experiencias inmersivas de realidad virtual y realidad aumentada, los modelos de texto a imagen están encontrando aplicaciones en una amplia gama de sectores, como la educación, los medios de comunicación, el marketing y la arquitectura.

- **Perspectivas de futuro:** El potencial de la creatividad autónoma, la mejora de la conciencia contextual y la accesibilidad universal ponen de relieve el poder transformador de la próxima generación de modelos.

Comprendiendo estas cuestiones, los usuarios pueden aprovechar todo el potencial de estas tecnologías y, al mismo tiempo, cumplir con sus responsabilidades.

# Experimentar e innovar

Los fundamentos tecnológicos de los modelos texto-imagen pueden ser complejos, pero su facilidad de uso es cada vez más intuitiva. Invitan a creativos de todos los sectores a explorar sus posibilidades. La innovación suele nacer en la intersección de la experimentación y la curiosidad. No tengas miedo de superar los límites de estas herramientas, ya sea perfeccionando las indicaciones, combinando estilos artísticos o integrando la IA en nuevos flujos de trabajo. Cada intento, tenga éxito o no, contribuye a una comprensión más profunda y fomenta el desarrollo creativo.

Los resultados inesperados o imprevistos también pueden inspirar nuevas vías para los proyectos. Este proceso iterativo refuerza la creatividad y fomenta una conexión más profunda con las herramientas y los objetivos artísticos propios. Con una mentalidad exploratoria, pueden descubrirse aplicaciones innovadoras que van más allá de los límites convencionales.

También es un momento propicio para fomentar la colaboración. Intercambiando ideas en comunidades, compartiendo resultados y aprendiendo de personas con ideas afines, puedes utilizar el conocimiento colectivo y obtener nuevas perspectivas. Plataformas como Reddit, Discord y Hugging Face no solo ofrecen recursos para resolver problemas, sino que también son centros de inspiración e innovación. La colaboración acelera el aprendizaje y enriquece tu viaje creativo con ideas y técnicas diversas.

## Consejos finales para una ingeniería rápida

- **Sea específico:** la precisión en sus indicaciones suele conducir a resultados más exactos. Utilice descripciones detalladas, un lenguaje claro y palabras clave relevantes para guiar al modelo con eficacia.
- **Iterar y perfeccionar:** rara vez se consiguen resultados perfectos al primer intento. El perfeccionamiento iterativo mediante ajustes y experimentos es la clave del éxito.
- **Utilice información multimodal:** Combine el texto con referencias visuales o auditivas para comunicar ideas complejas con mayor eficacia, especialmente en el caso de diseños sofisticados o proyectos temáticos.
- **Comprender los puntos fuertes del modelo:** cada modelo -ya sea DALL-E, Stable Diffusion o MidJourney- tiene capacidades únicas. Familiarícese con sus características y adapte su enfoque en consecuencia.
- **Manténgase informado:** Este campo evoluciona rápidamente. Manténgase al día de los avances, las mejores prácticas y las innovaciones de la comunidad para estar a la vanguardia de esta apasionante tecnología.

## Una mirada al futuro

Los modelos de texto a imagen representan una fusión de creatividad y tecnología que evoluciona constantemente y ofrece oportunidades ilimitadas para la innovación. Con conocimientos técnicos y un sano espíritu de exploración, los usuarios pueden abrir nuevas dimensiones de expresión artística y resolución de problemas. A medida que estas herramientas se hacen más accesibles, permiten que un público más amplio contribuya a dar forma a un mundo en el que la imaginación y la IA trabajen codo con codo.

En última instancia, el verdadero poder de los modelos texto-imagen reside en su capacidad para amplificar la creatividad humana. Estas herramientas no son meros medios para un fin, sino socios creativos que enriquecen el proceso artístico y dan vida a conceptos visionarios. Tanto si eres un profesional experimentado como un novato curioso, este es el momento de aprovechar las oportunidades y cocrear el futuro del arte y el diseño con las capacidades transformadoras de la IA.

Ahora que has llegado al final de esta guía, estás equipado con una gran cantidad de conocimientos para utilizar plenamente el potencial de tu IA a través de consultas inteligentes.

Siga experimentando y probando, perfeccionando sus planteamientos y adaptando sus prompts para superar nuevos retos y aprovechar las oportunidades que vayan surgiendo.

*Gracias por embarcarte en este viaje y ¡buena suerte con tu prompting!*

# Hoja de trucos

En este documento encontrará una guía compacta sobre ingeniería de instrucciones. El objetivo es obtener los resultados más eficaces y precisos posibles de los sistemas de inteligencia artificial mediante entradas (prompts) precisas y claramente formuladas.

El truco está en diseñar la petición de forma que el modelo de IA (su gran modelo lingüístico o un modelo de generación de imágenes) sepa exactamente lo que usted quiere, ya sea un texto concreto, una imagen o una combinación de ambos.

**Texto a texto** (por ejemplo, para chatbots, resúmenes, traducciones, textos creativos, generación de código) y

**Texto a imagen** (por ejemplo, para la generación de imágenes con ayuda de IA)

A continuación encontrará consejos, trucos y buenas prácticas, organizados según estas dos categorías principales.

## MENSAJES DE TEXTO A TEXTO

### OBJETIVOS Y CONTEXTO
**Objetivo:** Primero piense qué quiere conseguir exactamente.

Por ejemplo:

- Resumen de un texto más largo
- Creación de un borrador de cuento creativo

- Recibir instrucciones paso a paso
- Responder a preguntas sobre conocimientos específicos

**Contexto**: Formular toda la información de fondo importante para que el modelo pueda clasificar la tarea correctamente:
- Especialidad (por ejemplo, medicina, derecho, tecnología)
- Información específica (por ejemplo, "preste atención a las normas de protección de datos")
- Grupo destinatario (por ejemplo, legos, expertos, niños)

## ESTRUCTURA Y ESTILO
**Estructura**: Divida la solicitud en secciones lógicas, como "Objetivo", "Formato", "Contenido".

**Estilo:** Especifica el tono y la complejidad del texto:
- Científico, informal, humorístico, etc.
- Frases cortas y concisas o largas y detalladas

## EJEMPLOS Y BUENAS PRÁCTICAS
1. pregunta concisa

"Resuma en tres puntos cómo ha cambiado el clima de la Tierra en los últimos 100 años. En un lenguaje sencillo, por favor".

Especificación de formato específico

"Escribir una lista de 5 consejos para cocinar sano en mi blog.

Utilice un tono fresco y motivador. Cada descripción de consejo debe tener un máximo de 30 palabras".

3. asignación de funciones

"Ponte en el papel de un consultor de marketing. Crea un anuncio breve de un producto de limpieza sostenible, grupo destinatario: familias".

## FUENTES HABITUALES DE ERROR
- **Demasiado general:** "Hábleme del cambio climático". -> respuesta imprecisa y poco estructurada

-**Requisitos** contradictorios: "Resume este informe de 200 páginas en 2 viñetas y sé extremadamente detallista".

   **– Falta de contexto**: si nunca se menciona el texto al que se supone que se refiere el modelo, éste sólo puede adivinarlo.

# TEXTO-A-IMAGEN-PROMPTS

**VISIÓN Y ÁREAS DE APLICACIÓN**

**Diseños artísticos:** Creación de obras de arte en varios estilos (realista, abstracto, dibujos animados, anime, etc.).

**Maquetas e ideas de diseño:** Prototipos para productos, diseño de interiores, diseño de ropa, etc.

**Narración:** ilustraciones para cuentos, cómics, videojuegos.

**ESTRUCTURA Y DETALLES PUNTUALES**

Descripción detallada de la imagen:
- Lugar (interior, naturaleza, ciudad)
- Estado de ánimo (oscuro, romántico, futurista)
- Colores, materiales (colores pastel, vidrio, metal)
- Estilo (pintura al óleo, acuarela, renderizado 3D, fotorrealismo)

Formato:
- Resolución, relación de aspecto (por ejemplo, "16:9", "cuadrado")
- Tamaño del archivo, si procede

Elementos adicionales:
- Perspectiva (vista de pájaro, primer plano)
- Condiciones de iluminación (puesta de sol, luz artificial, noche)

**EJEMPLOS Y BUENAS PRÁCTICAS**

**1. descripción precisa**

"Crea una imagen fotorrealista de una biblioteca de estilo victoriano a la luz de las velas, perspectiva: plano gran angular, tono de color: cálido".

**2. manual de estilo**

"Genera una imagen cuadrada de dibujos animados de un gato feliz tocando una trompeta con colores llamativos, al estilo de los dibujos animados de Disney".

**3. estado de ánimo específico**

"Crea un paisaje urbano ciberpunk futurista de noche, lluvia, callejones iluminados con neón, gente con tatuajes digitales".

**FUENTES HABITUALES DE ERROR**

- Demasiado vago:

"Hazme una foto chula de un gato".

En este caso, los resultados pueden variar mucho o ser inadecuados.

- Conflictos de formato:

"Crear una imagen ancha y vertical"

Ancho y vertical son contradictorios.

- Peticiones sobrecargadas: demasiados requisitos detallados a la vez pueden confundir al modelo.

# CONSEJOS ADICIONALES:

**Iterar y perfeccionar:**

A menudo hacen falta varios intentos para lograr el resultado óptimo. Vuelva a adaptar la propuesta después de cada intento: perfeccione las descripciones, reduzca o amplíe los requisitos hasta que esté satisfecho.

**Recabar opiniones:**

Pida opiniones a colegas, amigos o a su comunidad para mejorar aún más sus fórmulas.

**Reconocer los límites:**

Los LLM y los modelos de imagen no son omniscientes. Reaccionan a lo que han aprendido. Por lo tanto, debes comprobar los resultados de forma crítica y añadir la información que falte si es necesario.

**Disfrute de sorpresas creativas:**

Especialmente con los modelos de texto a imagen, algunos "accidentes" o creaciones aleatorias son una maravillosa fuente de inspiración. ¡Descubra nuevas ideas y enfoques!

*"Crear prompts es como enseñar a bailar a tu IA: se trata de hacer los movimientos correctos, sin pisarse".*

40

www.ingramcontent.com/pod-product-compliance
Lightning Source LLC
LaVergne TN
LVHW022317060326
832902LV00020B/3527